W0176851

Brigitte Blobel

Utta Danella

Petra Kipphoff

Charlotte Link

Petra Würth

Richard Hey

Norbert Klugmann

Hinrich Matthiesen

Der schönste Platz der Welt:

Sylt

Herausgegeben von
Ingrid Grimm

WUNDERLICH
TASCHENBUCH

Originalausgabe
Veröffentlicht im Rowohlt Taschenbuch Verlag GmbH,
Reinbek bei Hamburg, Mai 2000
Copyright © 2000 by Rowohlt Taschenbuch Verlag GmbH,
Reinbek bei Hamburg
Alle Rechte vorbehalten
Umschlaggestaltung Barbara Hanke
(Foto: Hans Jessel)
Gesamtherstellung Clausen & Bosse, Leck
Printed in Germany
ISBN 3 499 26254 1

Inhalt

Vorwort

«Die Friesen müssen intelligent sein, sie müssen aus ihrer Abgeschiedenheit heraustreten und bekannter werden. In Helgoland machen sie jetzt ein Seebad, das müßt Ihr ihnen nachtun. Auf Euren Inseln und Halligen gibt es noch wunderbare Dinge zu schauen; legt Seebäder an und Eure Möwen werden goldene Flügel bekommen», lässt Theodor Mügge in seinem Roman «Der Voigt von Sylt» den dänischen Kronprinzen zu dem Sylter Freiheitskämpfer Uwe Jens Lornsen sagen. Das Buch erschien 1851.

Wenige Jahre später war aus Westerland ein beschauliches Seebad ohne großen Komfort geworden, ohne Nachtleben und ohne das, was man «Gesellschaft» nannte. Von den goldenen Flügeln der Möwen war man weit entfernt, und der Journalist Julius Rodenberg prognostizierte noch 1859: «Es werden Leute hierherkommen, die, wie wir, Sehnsucht haben nach der Stille, in der die erschütterten Saiten ihres Innern endlich einmal austönen können; Leute, die dem bunten flüchtigen Tand entfliehen wollen, anstatt ihn aufzusuchen.»

Flüchtigen Tand gibt es inzwischen zuhauf, hässliche große Häuser, zugebaute Heideflächen, schrille Schickimicki-Events und alles, was dazugehört.

Aber das, wovon Peter Suhrkamp, der große Verleger, der

viele seiner Autoren und Freunde in seinem Haus in Kampen beherbergte, über «Die nordfriesische Insel» schrieb (1943), ist auch heute noch erlebbar, fühlbar. «Alle Sinne sind im Augenblick des Betretens der Insel von dieser vollauf in Anspruch genommen und ausgefüllt, und das Gemüt ist entweder verschüchtert oder betäubt oder beseligt. Die Insel kann wüst, öde und lichtlos angetroffen werden, auch in einer hellen Nüchternheit, einer frühen Klarheit, auch als seliger Spiegel überirdischer Schönheiten, aber nie ist sie nur einfach schön und gar nie lieblich, selbst nicht in der schönsten Zeit … Wer Erinnerungen an viele Orte in den verschiedenen Zonen der Erde mitbringt, der kann sich auf der Insel in einer homerischen Bucht oder auf einem schottischen Moor, in einem hochgelegenen Gebirgstal oder in der Sahara, in einem norddeutschen Dorf des 16. Jahrhunderts oder, wie jemand versicherte, sogar unter tibetanischem Himmel wiederfinden. Um das zu finden, muß ein Mensch allerdings mit dem Gemüt offen unter den beweglichen Winden der Phantasie liegen …»

Offenen Gemütes der Phantasie freien Lauf zu lassen ist zwar nicht alles, aber doch etwas einigermaßen Wichtiges für den schreibenden Künstler, denn legte er ihr die Zügel an, erginge es ihm wie dem Kreisrichter Löhnefinke, der Wilhelm Raabe unterhalb des roten Kliffs, zwischen Kampen und Wenningstedt, plötzlich von der Düne vor die Füße rutschte. Raabe erzählt davon in seiner Geschichte «Deutscher Mondschein» von 1867. Löhnefinke «rief, schrie oder vielmehr heulte: ‹Er – sie – ist hinter mir! Ich bitte um Entschuldigung, mein Herr, – aber wer kann gegen seine Nerven –›» Nach vielen Gläsern und Worten stellt sich heraus, dass der

Kreisrichter als Poet auf der Flucht ist vor dem Mond: «Hätte ich doch meiner Phantasie die Zügel auf den Hals geworfen und die Gefahr, abgeworfen zu werden und das Genick zu brechen, zur rechten Zeit auf mich genommen! Kollega, Kollega, unterdrückte Phantasie ist es, welche mich verrückt macht – verrückt nach dem vierzigsten Lebensjahre. Der deutsche Mondschein rächt sich an mir.»

Der Mond, überall beliebt in der Literatur, spielt auf einer Insel, wo vieles abhängig ist von Ebbe und Flut, vom Einfluss des Vollmondes und des Neumondes eine ganz besondere Rolle.

Ernst Penzoldt teilt in seinem «Brief vom Mond» sogar mit, dass er sich verliebt habe: «... es ist ganz ausnahmsweise eine Gegend, ein Landstrich im wahrsten Sinne des Wortes, eine Insel, doch nicht von dieser Erde, sondern offenbar vom Mond. Der halbe Mond hat sich im Meer gespiegelt, und daraus ist, wenn auch ein ganz klein wenig verzerrt, die Insel geworden.»

Auch für Utta Danella – und für die Heldin ihrer Geschichte – hat der Mond eine fast magische Anziehungskraft. Die Autorin des Sylt-Romans «Stella Termogen» lebt jedes Jahr für einige Monate auf der Insel, in einem stillen, schönen Haus mit Garten. Hier, wo der Himmel hoch und weit erscheint, wo die Nächte im Sommer kurz und voller Sterne sind, lässt sie eine Liebesgeschichte spielen, leicht, heiter, ein wenig melancholisch und kritisch, was die Zerstörungswut der Menschen betrifft.

Brigitte Blobel, als Hamburger Kind von klein auf Gast auf der Insel, sie immer wieder wegen der vielen Leute, der

Autos, des Rummels meidend, und dann doch zurückkehrend wegen der Weite des Meeres, der Brandung, der salzigen Luft, der Freunde, weiß also, wovon sie schreibt. Und wenn sie dem jungen Jonas sein neues Glück am schönsten Platz der Welt beschert, dann versteht man, dass er hier, wo die Natur sich so mächtig zeigt, ganz ruhig werden kann.

Aber es ist nicht die natürliche Schönheit der Insel allein, die Schriftsteller immer wieder in ihren Bann zieht, die Thomas Mann ins Gästebuch der Clara Tiedemann schreiben ließ: ... «an diesem erschütternden Meer habe ich tief gelebt ...», und Alfred Kerr zu einem Satz wie diesem veranlasste: «Kein Gebirge schafft ein Ewigkeitsgefühl wie diese rollenden Wasser. Und keine Luft eine Seligkeit wie diese Salzluft.» Es sind auch die Geschichten, die Sagen vom Meermann Ekke Nekkepenn, vom Riesen Bröns und dem Zwergenkönig Finn, von Pidder Lüng und Inge von Rantum, von Merret Lassen, von Pua Modders und Gret Skrabbel, die überall herumzuspuken scheinen. Hier vermischen sich Realität und Fiktion, und auch in ihren unwahrscheinlichsten, verrücktesten und komischsten Teilen liegt immer mehr als das berühmte Körnchen Wahrheit.

So ist es auch in der Geschichte der Journalistin Petra Kipphoff, die viele Wochenenden, manchmal auch Wochen, in ihrem Haus in Kampen verbringt. Sie schickt den Naturforscher Alexander von Humboldt heute auf die Insel, um sie zu erforschen, zu vermessen, zu erkunden. Was er sieht, ist Realität, wie er es erlebt, ist phantasievolle Fiktion. So erzählt der Mann aus dem 18. Jahrhundert von einer Insel, die wir zu kennen glauben und die er doch neu für uns entdeckt.

Hinrich Matthiesen hingegen, der einzige der hier versammelten Schriftsteller, der auf Sylt lebt, ist mit jeder Ecke und jedem Zungenschlag seiner Insel vertraut. In seiner sagenhaften Geschichte von «Moses im Watt» lässt er den alten Kapitän eine wunderbare Geschichte erzählen, in der sich Seemannsgarn und Wirklichkeit aufs unterhaltsamste mischen.

Und Richard Heys Vision vom versunkenen Sylt unterm Eis ist nicht nur eine phantastische Groteske, sondern auch die Blitzlichtaufnahme eines symptomatischen Zustands. Man merkt nebenbei, dass Hey in frühen Jahren manchmal nicht sehr komfortabel auf der Insel gewohnt hat.

Geschichten auf einer kleinen Insel spielen zu lassen, auf der man außer von Verkehrsdelikten höchstens mal von Einbruchdiebstählen hört, muss Autoren, die dem Genre Krimi verbunden sind, dazu bewegen, sich mit den Abgründen im Menschen zu beschäftigen. Da muss es gelten, die Idylle zu zerschlagen.

Norbert Klugmann schafft dafür doppelt friedliche Voraussetzungen. Ein Mann beginnt sich in eine Frau zu verlieben, in der Zeit des Friedens von Weihnachten bis Silvester auf Sylt. Er lebt wie in einem Glashaus in dieser künstlich angelegten Siedlung am Watt und ahnt nicht im Geringsten, worauf er sich eingelassen hat.

In Petra Würths Geschichte tut sich der Abgrund, der unter dem gemütlichen Reetdachhaus gähnt, für den Leser nur sehr allmählich auf. Und es bleibt auch am Ende ungewiss, ob die Heldin mit ihrem radikalen Entschluss die richtige Entscheidung getroffen hat oder doch das Glück versucht.

Charlotte Link, selbst angezogen und immer wieder auch

abgestoßen von der Insel, lässt diese Ambivalenz auch in ihrer Geschichte deutlich werden. Hier, wo alle Gefühle mächtiger werden, wird ihrem Helden seine Unfähigkeit zu lieben, zu vertrauen, zum Verhängnis. Was an anderem Ort vielleicht noch verdrängt, ausgeglichen, harmonisiert werden könnte, wird hier konsequent zu Ende gebracht.

Vielleicht lassen der unheimliche Himmel, das weite Meer, die gewaltige Brandung, die Sonne und der Wind die Menschen auf dieser Insel wirklich anders, deutlicher empfinden als anderswo. Vielleicht sind hier Liebe und Abneigung größer, das Glück und das Elend tiefer, Verrücktheiten noch verrückter und Stupidität nicht zu übertreffen – Gleichgültigkeit wird jedenfalls selten anzutreffen sein.

Die acht hier vorliegenden Geschichten zeugen davon, auf wie unterschiedliche Weise Eindrücke aufgenommen und verarbeitet werden, wie sich winzige Details ebenso wie große Erlebnisse zusammenfügen zu schönen, sehr verschiedenen Melodien, mit hellen, wunderbaren Spitzen und ironisch-kritischen Untertönen.

Der Sylt-Liebhaber wird manches wieder erkennen, von vielen Figuren glauben, er habe sie schon einmal gesehen, und sich freuen an der Erzählkunst phantasievoller Autoren.

Kampen, im Februar 2000   Ingrid Grimm

Petra Kipphoff

Zwischen den Umlaufblenden

Alexander von Humboldt auf Sylt —
Tagebuchnotizen einer
imaginierten Reise der späten Jahre

Wolken, Wolken

Cumulus. Ich stehe am Meer, am Rande der Nordsee, genauer, am Strand von Kampen und sehe sie über mir an einem hohen Himmel, der ein Raum ohne Halt und Peripherie ist, dazu versprengte Wolken, quellende, wandernde Daunenkissen. Den Schäfchenvergleich kann nur ein ehrgeiziges Schaf erdacht haben. Watteweiße Wolken vor preußischblauem Himmel in wechselnden Formationen bei unterschiedlichen Ballungsdichten und in zunächst sanfter, dabei gelegentlich widerläufiger Bewegung. Cumuli. Ich bringe mein achromatisches Fernrohr von Dollond, drei Fuß Brennweite, in Position und messe die Höhe. Gut 2000 Meter hoch schweben die flauschigen Formationen über meinem Haupt, das, auch mit Sonne ist hier zu rechnen, mit einer Schirmmütze aus dem reizenden Kolonialwarenladen der Mode in Wenningstedt geschützt ist, in dem schon unser Vater jährlich drei Paar Kniestrümpfe kaufte, die Nase rümpfende Mama blieb derweil draußen.

Ich notiere die Höhe, Dichte und Wasserwerte der Cumuli, als auf einmal heftige Turbulenzen am Himmel ausbrechen. Es wird dunkler. Tropfenbildung mit akzelerierender Geschwindigkeit bei Nordnordwest. Meine kleine Leidener Flasche zeigt Windstärke 3,7 an, das Hyetometer einen Regenfall von 1,2 Liter pro Stunde, das Hygrometer eine Luftfeuchtigkeit von 35,9 Prozent. Ein unbekleideter, weißfleischiger Herr mit schütterem Haupthaar eilt aus den Dünen herunter, stellt sich an die Flutkante, hält sich ein Handy vors Gesicht, gestikuliert. Woher? Wohin? Zurückeilend ruft er mir zu, dass er ein Taxi bestellt habe, ich könne mich ihm anschließen. Ich lehne dankend ab, hole den Dosen-Sextanten aus der Instrumententasche, spanne den alten Regenschirm auf, den Caroline mir in Rom schenkte und der mir schon am Orinoko so gute Dienste geleistet hat (nicht zuletzt bei der Vertreibung eines Krokodils), lege die alten gestreiften Expeditionshosen, den gelben Rock und die Stulpenstiefel ab und eile meinerseits an die Flutkante, um den Winkel der Wogen der hereinrollenden Brandung zu bestimmen. 43° die flacheren Wellen, 77° die höheren, in der Gischtkrone wechseln die Werte.

Im Strandkorb dann gebe ich die Amplitudenwerte von Wellenkamm, Wellenberg und Wellental auf dem wasserfesten Laptop ein, den die Firma Klepper jetzt in Kooperation mit Sony produziert. Welch ein Fortschritt im Angebot seit der Zeit der Gummiboote und Wettermäntel! Rasch stecke ich noch ein Thermometer in den Sand, halte ein anderes mit gestrecktem Arm in die Luft und habe mit diesen beiden Messungen dann eine erste Bestandsaufnahme.

Als ich mich auf den Rückweg mache, auf dem Plankensteg durch die Dünen, hat der Regen bereits aufgehört, der graue Wolkenteppich, der sich gebildet hat, reißt auf, der blaue Himmel kommt wieder hervor. Rasch setze ich die Tasche noch einmal ab, hole das Zyanometer hervor und messe das Blau des Himmels. Der Zeiger schlägt heftig aus, über die Zahlenskala hinweg und ich stelle fest, dass weder in den Cordilleren noch am Mont Blanc ein derartig hoher Bläuegrad notiert werden konnte. Ich muss sofort eine E-Mail mit dieser Nachricht an Friedrich von Hardenberg schicken, damit er diesen Forschungsstand bei der Konzeption der «Blauen Blume» berücksichtigen kann. Cumulus! Welch ein Tag!

Kreuchen, Fleuchen

Vladimir Nabokov hatte mir vor meiner Abreise nach Sylt noch eine Liste der 370 Großschmetterlinge und 225 Kleinschmetterlinge, denen mein Freund Henry Koehn kürzlich noch 123 weitere Entdeckungen hinzufügen konnte, per Boten zukommen lassen. Ich meinerseits kann mich dafür revanchieren, indem ich heute eine Sendung mit je einem Exemplar folgender Falter bei der Post aufgebe: Rostbinde, Samtfalter, Ochsenauge, Nachtpfauenauge, Mauerfuchs, Heideeule, Heidespanner. Ich bin diesem Einfall gern nachgegangen, obwohl es nicht meine Sache ist, mit einem Schmetterlingsnetz über die Heide zu stolpern. Und mich dann noch wechselnd von sogenannten Tierschützern anpöbeln und von jungen Damen auslachen zu lassen. Nun ja. Mit größerem Interesse bin ich aber, nachdem diese Aufgabe erledigt war, in die Vogelkoje aufgebrochen. Und konnte dort sehen, wie aus einer von den Menschen angelegten Naturfalle, in der seit 1809 und bis zum Jahr 1921 jährlich Zigtausende (und insgesamt knapp 700 000) Enten angelockt, gefangen und getötet wurden, eine wirkliche Koje, ein Schutzgebiet für Vögel und Pflanzen, geworden ist. Die Vogelfalle war eine europäisch aufgeklärte Variante der Guácharo-Höhle bei Cumaná, in der die venezolanischen Indianer die durch Korn und Nüsse fett gewordenen, möwenartigen Vögel mit langen Stangen aus den Nischen und von den Felsvorsprüngen herunterschlugen.

Diese wenig reizvollen bräunlich gefiederten Wesen, in der Größe unserem Suppenhuhn vergleichbar, sind das Gegenbild zu meiner aus Erinnerung und Gegenwart gefügten Sicht der Silbermöwe, die für mich der Wappenvogel ist von Sylt. Die Silbermöwe ist zwar weiß gefiedert und holt sich, wenn es sein muss, ihre Nahrung auch auf Müllkippen, aber über die weißen, fest um den Körper liegenden, kurzen Federn schmiegen sich an den Seiten zwei silbrig graue Flügel. Zu Weiß und Silber kontrastiert das Orange des leicht gekrümmten Schnabels, der dem Raubvogel einen Hauch von *sophistication* verleiht. Keinen Vogel gibt es, meiner Wahrnehmung nach, bei dem sich Effizienz und Eleganz so präzise verbinden. In ruhigem Flügelschlag bewegt die Silbermöwe sich gleitend vorwärts. Manchmal scheint sie hoch in der Luft zu stehen, reagiert auf den thermodynamischen Wechsel mit kleinsten Kursänderungen. Und dann schießt sie plötzlich steil herunter, in die Wellen, auf den Strand, hat etwas Essbares gefunden. Oder auch nicht.

Zur Silbermöwe gibt es für mich nur eine Alternative: den Alpenstrandläufer, eine nominale Absurdität, in der Realität aber von einer zierlichen Komik, die singulär ist. Der Alpenstrandläufer ist, wie der Name schon sagt, vor allem ein Gehvogel. Ich selber sah ihn nur selten in der Luft und auch dann nur auf Kniehöhe und zur schnellen Landung bereit. An der Flutkante freilich, auf dem feuchten Sand, legt dieses zierliche Vögelchen ein so atemberaubendes Tippeltempo vor, dass man meinen könnte, einen kleinen Automaten vor sich zu haben. Oder auch die Karikatur einer Maschine. Und an frühen Herbsttagen fügen sich Hunderte von diesen kleinen Robotern zu einer schwerelosen Gemeinschaft, nun wirklich in der Luft, die wie ein schwarzer, durchsichtiger Schleier über den Horizont weht, plötzlich, in himmlischer Synchronie, die Flugrichtung verändert, sich schlussendlich gen Süden entmaterialisiert. Der harte Schrei von fünf Wildgänsen, die mit schwerem Flügelschlag als offene Dreiecksformation etwas später in die gleiche Richtung fliegen, erinnert daran, dass der Zurückbleibende den Heimweg antreten sollte.

Ostwind. Also ein lauwarmes Lüftchen, bedeckter Himmel, ein paar Fliegen der Spezies *Fluga vulgaris* und andere Insekten. Nichts, was man nicht auch morgen vermessen könnte. Ich schenke mir nach dem Frühstück ein Radeberger ein, das ich dem Flensburger vorziehe, und hole den Andruck des neuen Buches von Gustav Schwab hervor. Nach Achill, Odysseus und Troja hat er sich nun im hohen Alter auch der Geschichte Nordeuropas gewidmet, ist den Sagen von den Sylter Zwergen und den Sylter Riesen, von Pidder Lüng und Pua Modders nachgegangen. Ein starkes Stück für einen Schwaben. Teils hatte Cotta ihn gedrängt (eine letzte Tat vor der Eingemeindung in die Holtzbrinck-Holding), teils hatte ein eigener Sylt-Aufenthalt, der durch den Besuch der in den Dünen gelegenen Sauna eines Landsmannes bekrönt wurde, die Idee bekräftigt. Glücklicherweise ließ Schwab bei diesem Besuch in der Strandsauna seine fünf Töchter, Frau und Schwiegermutter zu Hause und nach dem dritten Saunagang und einem Glas Cannstatter Zuckerle beschloss er in seiner ganzen freien, dampfenden Leiblichkeit unter Gottes hohem Himmel und erschüttert vom strengen Gesang einer Lachmöwe, in den Sylter Sagengrund zu steigen.

Ich blättere in dem Band und sehe, dass besonders die Geschichte des Kampfes der Zwerge mit den Riesen ihn fasziniert hat, wohl, weil sich hier die Elemente des Realen mit dem Phantastischen in jener Weise verbinden, die hinter jeder Sage auch die dazugehörige Historie aufscheinen lässt.

Ich referiere diese ethnologisch und tagespolitisch hoch interessante Sage in Umrissen aus dem Band von Schwab, der sich seinerseits natürlich mit den Forschungen des Nordfriisk Instituut vertraut gemacht hat. – Eines Nachts trafen sich beim hellen Mondschein die Sylter Zwerge auf dem Reisehügel, um einer Ansprache ihres Königs Finn zuzuhören. Er forderte die Klabautermänner, die Puken, Talmännchen und anderen Unterirdischen auf, sich zu einem Heer zu formieren und gegen die Sylter Riesen zu kämpfen, die sie auf der Insel nicht dulden wollten. Die Zwerge stimmten zu und zeigten sich kriegslustig. Diese Nachricht gelangte, natürlich auf dem Umweg über eine Frau, die zur Warnung ein großes Biike-Feuer entzündete, zu den Sylter Riesen, die sofort aus allen Himmelsrichtungen zusammenkamen. Jeder in seinem Kampfkostüm.

Der Bulle von Morsum trug ein Kuhfell mit goldenen Hörnern. Der Schmied von Keitum hatte sich eine Tonne Bier auf den Rücken gebunden, das eher der Versorgung diente denn dem Angriff. Ein Riese hatte eine große Sense, ein anderer einen Bootshaken in der Hand. Tjüül, der Bauer von Archsum, kam mit einer Scheunentür, einem Mehrzweckgerät, das zur Verteidigung einerseits, zum Plattdrücken des Gegners andererseits verwendet werden konnte. Ein Fischer von Eidum war in eine Meerschweinhaut gekrochen, an der noch Kopf und Schwanz waren, andere Kameraden hatten sich mit getrockneten Rochen behängt, deren Stacheln jeden Gegner auf Distanz hielten. Hans Hansen und sein Sohn aus Kampen trugen einen großen Trog mit frischen Quallen zwischen sich, die, als Wurfgeschosse verwendet, Verbrennungen dritten

Grades bewirken konnten. Der große Eber von Steidum trug einen Strick um den Hals und einen Heubaum in den Händen. Alle anderen hatten Schwerter und Äxte bei sich. König Bröns aber, der mit seinem Sohn, dem kleinen Bröns, auf einem vergoldeten Wagen herbeifuhr, trug ein eisernes Wams aus Ringen und einen vergoldeten Helm mit einem Adler. Auf den Rock des kleinen Bröns waren Seesterne aufgenäht und er schüttelte seine goldene Rassel, die mit kleinen Herzmuscheln gefüllt war.

Die Riesen versammelten sich und marschierten in Richtung Braderup. Am Schluss des Zuges ging der Narr des Königs, dem Tonnenbänder um den Hals hingen und eine Klingel von der Mütze herab und der in der Linken einen Weidenzweig und in der Rechten ein Kuhhorn schwenkte. Die Riesen zogen weiter gen Norden, bis sie beim Kampener Leuchtturm angekommen waren. Die Zwerge, die das Schreck einflößende Heer sahen, verkrochen sich schnell unter den Heidebüschen und in den Kaninchenlöchern. Die Katzen von Eidum aber und der große Hund des Bröns zerrten sie aus ihren Verstecken hervor und töteten so viele, wie sie gerade konnten, bis es den Zwergen gelang, den Hund des großen Bröns mit einer giftigen Distel zu verletzen, worauf er sich jaulend zusammenrollte und elend krepierte. Die Zwerge aber schlüpften den irritierten Riesen rasch unter die Wämser und Rüstungen und schnitten ihnen den Leib auf.

Auch König Bröns und sein Sohn, der kleine Bröns, kamen so ums Leben. Worüber die Riesen so zornig und verzweifelt waren, dass sie alle Zwerge, derer sie habhaft werden konnten, platt und totschlugen. Nur der Zwergenkönig Finn überlebte dieses Massaker, aber er weinte bitterlich und nahm, weil er sein Volk nicht überleben wollte, sein steinernes Schwert und tötete sich. Die Riesen begruben ihren König südlich vom Kampener Leuchtturm (den es damals natürlich noch nicht gab) und schütteten einen kegelförmigen Hügel über dem Grab auf. Der kleine Bröns wurde in einem kleineren Hügel beigesetzt, und auch der Hund bekam sein Hundehügelgrab.

Der Zug der Riesenkrieger und die Schlacht mit den Zwergen – ein Bild wie von Hieronymus Bosch. Ich lege das Buch beiseite, springe auf und gehe in Richtung Kampener Leuchtturm. Ja, da sind die grasbewachsenen Buckel, die sich aus der flachen Weidefläche hervorwölben: Hünshoog, der kleine, Litj Brönshoog, der mittelgroße, und Gurt Brönshoog, der königsgroße. Mir kommt der Besuch des Denghoog bei Wenningstedt wieder in den Sinn. In das geräumige Grab mit den zwölf großen Tragsteinen und drei riesigen Deckensteinen sind wir bei einem unserer ersten Sylt-Besuche mit den Eltern sogar hineingegangen. Wilhelm hing am Rock der Mutter. Ich nahm schnell einen kleinen Kieselstein und versteckte ihn in meiner Hosentasche.

Damals. Jetzt schaue ich zum Leuchtturm empor, 38 Meter ist er hoch. «Rotes Kliff» heißt er, weiß gestrichene, verputzte Klinker mit einer schwarzen Bauchbinde, die der Landmann Tageskennung nennt. Die auf halber Höhe montierten gusseisernen Initialen FR VII, mit Krönchen, und die Jahreszahl 1888 weisen auf Friedrich VII., den König von Dänemark, Herzog von Schleswig und Grafen von Holstein, also die zeitweise dänische Geschichte der Insel hin. Von der die Sylter sich mit dem trotzigen Schlachtruf «Lewer duar üs Slaav!» befreiten. Schön, dass der Leuchtturm, der auf der höchsten Pleistozänerhebung der Insel steht, 25 Seemeilen über die Gräber und die Geschichte und das Meer hinwegstrahlt. Tags ein Monument, nachts ein Instrument. Ich kenne sein wechselnd weißes und rotes Feuer aus der Nacht. Mit zuverlässiger Regelmäßigkeit wiederholt sich sein Lichtsignal, das durch Umlaufblenden, die um die Optik kreisen, bestimmt wird: 1 Schein von 3 sec, viermal wiederholt, dann 3 sec Dunkel, Wiederkehr alle 15 sec, also viermal in der Minute. Die Schiffe, die an der Nordspitze der Insel in das Lister Tief einfahren, orientieren sich an dieser Kennung bei einbrechender Dunkelheit. Die Frühruheständler von heute spielen ein paar Meter weiter eine Runde Golf. Ihnen reicht eine Stange mit Wimpel.

Kinderzeiten, Forschertage

Natürlich bin ich nach Sylt gekommen, um den Ort unserer frühen Kinderferien wieder zu sehen. In einem Eisenbahnwaggon, der sechs Personenautos aufnahm, war unsere silbergraue Borgward Isabella damals von Niebüll wie ein Stück edles Vieh über den Hindenburgdamm auf die Insel verfrachtet worden. Vater blieb im Wagen, die Familie saß im Eisenbahncoupé und aß belegte Brote. Wir wohnten in einem wunderschönen Hotel, in dem eine strenge, statuöse Wirtin herrschte, die früh Witwe geworden war, morgens in der Frühe ausritt und ab mittags gern Herren und Männer um sich sah. Im Eingang des Hotels hatte sie die Ballade «Trutz,

Blanke Hans» von Detlev von Liliencron in einem Muschel-
rahmen aufgehängt. Die Erwachsenen gingen daran immer
vorbei, aber wir Kinder lasen uns die schaurigen Verse vom
Untergang Rungholts mitsamt seinen lärmenden, eitlen
Menschen so oft vor, bis wir sie auswendig konnten. Die beiden Schlussstrophen weiß ich noch heute:

> Und überall Friede, im Meer, in den Landen.
> Plötzlich wie Ruf eines Raubtiers in Banden:
> Das Scheusal wälzte sich, atmete tief,
> Und schloss die Augen wieder und schlief.
> Und rauschende, schwarze, langmähnige Wogen
> Kommen wie rasende Rosse geflogen.
> Trutz, Blanke Hans.
>
> Ein einziger Schrei — die Stadt ist versunken,
> Und Hunderttausende sind ertrunken.
> Wo gestern noch Lärm und lustiger Tisch,
> Schwamm andern Tags der stumme Fisch.
> Heut bin ich über Rungholt gefahren,
> Die Stadt ging unter vor sechshundert Jahren.
> Trutz, Blanke Hans?

Von dem Zimmer, in dem die Eltern wohnten, konnte man
auf das schillernde, braunlila Wattenmeer und die bewegte, graugrüne See zugleich sehen. Neben dem Haus
parkte, unsere Isabelle und andere Autos in den zweiten
Rang verweisend, ein großer, englischer Wagen mit einem
Schweizer Kennzeichen. Der Herr, der dieses Auto chauf-

fierte, führte morgens und abends zwei Chow-Chows durch die Dünen. Warum zwei? Alles ließ darauf schließen, dass hier ein Kapitel eines englischen Kriminalromans zum Leben gekommen war.

Am Strand wurde ein Korb in der hinteren Reihe gewählt und beim Strandkorbwärter für drei Wochen im Voraus bezahlt. Bill schaufelte immer als Erstes eine Burg, glättete sie mit einem Holzbrett und belegte sie mit Muschelmustern. Ich ließ lieber Tropfsteingebilde aus Sand und Wasser von meinen Fingern gleiten. Der Vater hielt das Badetuch vor den Strandkorb, wenn Mama sich umzog. Er selber ging jeden zweiten Tag zu Fuß nach Wenningstedt, um in der Kurhalle Meerwasser zu inhalieren. Aerosol mit 28 Spurenelementen, sagte er und atmete dabei einmal tief durch. Adolf von Menzel, dessen Lungenflügel nach der intensiven Arbeit an dem Bild «Eisenwalzwerk» einen rußigen Schatten gezeigt hatten, hatte ihm diese Kur empfohlen. Die Vater auch so gut tat, dass er abends vor dem Essen mit uns in die noch leere Hotelbar ging und mit fester Stimme den «Schimmelreiter» vorlas. Mutter trank mit Tante Sonja, die sich, aus dem Rheinland kommend, mit Onkel Wilhelm in der zweiten Ferienwoche immer zu uns gesellte, eine halbe Flasche «Veuve Cliquot».

Natürlich bin ich nach langen Jahren und der sechsjährigen Forschungsreise durch die äquinoktialen Zonen des spanischen Amerika aber auch nach Sylt gekommen, um zu sehen, was es mit den inzwischen in der Forschung notierten Gemeinsamkeiten der nordeuropäischen mit der südamerikanischen Geographie auf sich hat. Ein spektakulärer Fund aus der Zwischensteinzeit, von dem mir berichtet worden war, ist leider bei der Bombardierung des Mineralogisch-Geologischen Museums in Hamburg im Jahr 1943 zerstört worden: der Backenzahn des dreizehigen Zebras *Hipparion gracile*. Aber ein Fundstück macht noch keine Theorie. Obwohl eine weitere Seltsamkeit sich zu dem dreizehigen Zebra gut zu fügen scheint. Beim Gang von Kampen nach List sieht man auf der Höhe der Blidselbucht bei Ebbe vier dunkle Formationen aus dem Wasser ragen, die der Volksmund «Wattkühe» nennt. An einem der nächsten Tage werde ich mich aufmachen, um diese Gebilde gründlich zu untersuchen, zu vermessen und zu fotografieren. Es würde mich nicht wundern, wenn ich hier die antipodischen Überreste des Gerippes jenes aquatischen Elefanten identifizieren könnte, dessen Rüssel mein Freund Bonpland am Oberlauf des unteren Orinoko aus dem Wasser zog. Wir werden sehen.

Und noch andere Hinweise gibt es auf ein ehedem wärmeres Klima in dieser Region und eine entsprechende Vegetation, zu der Sumpfzypressen, Lorbeer und Magnolien gehörten und deren Spuren sich sowohl im miozänen Glimmerton des Morsumkliffs wie auch im Kaolinsand des Roten Kliffs bei Kampen zeigen. Außerdem gibt es natürlich mannigfache Parallelen zwischen der Insel- und der Alpenflora. Ich nenne hier nur die Arnika (*Arnica montana*), die Glockenblume (*Campanula rotundifolia*), den Lungenenzian (*Gentiana pneumonanthe*), das Ackerstiefmütterchen (*Viola tricolor*) und das Heide-Edelweiß (*Antennaria dioica*). Dem normalen Bade- und Bar-Urlauber allerdings ist die schmarotzerhaft den Boden überwuchernde Krähenbeere (*Empetrum nigrum*) mit ihren schwarzperligen Früchten, die Besenheide (*Calluna vulgaris*) mit ihren glockigen, violetten Blütenkronen oder die Glockenheide (*Erica*) der gewohnte Anblick. Und nur im Frühjahr fällt das warm leuchtende Gold des niedrigen Stechginsters (*Ulex europaeus*) aus dem gewohnten Spektrum der Pastellfarben heraus.

Indem ich dieses niederschreibe, kommt meine Wirtin, Frau Sylta Volquardsen, mit der Post ins Zimmer. Darunter die neueste Ausgabe des Bulletins des Instituts für Meeresforschung in Helgoland. Natürlich lese ich sofort den Artikel über die *Penilia avirostris*, jene vegetarischen Riesenwasserflöhe, die, aus den Tropen und Subtropen stammend, im Oktober 1990 zum ersten Mal in der Nordsee ins Netz gegangen waren. Man hielt das für einen Irrtum der Natur, eingeschleppt vom Ballastwasser der Großschiffe, der sich in einem kalten Winter wieder erledigen würde. Das Gegenteil war der Fall: steigende Vermehrung! Und plötzlich, so lese ich, stellen nicht mehr «die kleinen, großäugigen Nordsee-Wasserflöhe die Mehrheit, sondern die Wasserflohriesen aus dem Süden». Und im gleichen Maße, wie sich die Zuwanderer ausbreiteten, machten sich Nordsee-Ureinwohner wie die kleinen Manteltiere der Gattung *Fritilaria* rar. Aber nicht nur für die tropischen Wasserflöhe hat sich in den letzten Jahren die immer wärmer werdende Nordsee als idealer Auswanderungsaufenthalt erwiesen. Aus der Adria ist die Staatsqualle hinzugekommen und Wissenschaftler des Alfred-Wegener–Instituts für Polar- und Meeresforschung haben festgestellt, dass sich jetzt auch Asseln der Gattung *Idotea*, die bisher nur im Mittelmeer und Schwarzen Meer zu finden waren, erfolgreich in der Nordsee ansiedeln. An Land kennen wir dieses Phänomen ja schon länger. Nachzudenken wäre jetzt über die Wechselwirkung der Migration zwischen Mensch und Tier.

Kabbelwasser, Flugboote

Heute mache ich mich auf den Weg nach List. Es ist ein glasklarer Herbsttag. In den leuchtenden Farben saldiert sich ein prächtiger Sommer. Tiefblau der Himmel. Oben auf der Düne grasen traumverloren ein paar Schafe und werfen einen kompakten Schatten auf das Gras. Ich rutsche die kleine Schlucht zwischen dem harten Gras hinunter zum Strand und mache mich auf, den Ellenbogen zu umrunden. In der Ferne sehe ich am dänischen Ufer die Rotoren der hellgrauen Windmühlen in Bewegung. Nähe und Ferne scheinen austauschbar in dieser kühlen Klarheit, die schwindelig macht.

Ich komme an die Spitze des Ellenbogen, wo zwei Wasserströmungen aufeinander treffen. Kabbelwasser. Die kleinen Wellen hüpfen übereinander, spielerisch, blinkend, und sind doch so gefährlich. Denn die Unterströmung ist rasch und reißend. «Baden lebensgefährlich» steht hier auf der Landkarte, und manch einer, der es nicht glauben wollte, hat der Warnung den Beweis nachgeliefert. Es ist Ebbe und im Schlick schillert der Seetang, der flache Riementang und der Blasentang mit den Luftkissen, die wir als Kinder so gern zum Zerplatzen brachten. Die hellen Herzmuscheln und die blauen Miesmuscheln, die beim Drübergehn so schön knirschen, liegen hier. Dazu die kalkig weiße Artemismuschel mit ihren feinen, konzentrischen Ringen und die lange, eckige Scheidenmuschel, die in der Form an Vaters Rasiermesser erinnert und die es in den Kindertagen noch nicht gab. Mein Gang führt um das Becken des Königshafens herum, der kein Hafen ist, sondern eine Enklave der Stille, vorbei an Uthörn, der kleinen Vogelschutzinsel, und endet im Hafen von List. Hier geht das Fährschiff nach Dänemark ab, mit Mann und Maus und Wagen, hier wartet die «Gret Palucca» auf die Rentner, die sich, den Enkel an der Hand, zum Butter- und Zigarettentörn einschiffen. Hier gehen die Familien in ihren lila- oder türkisfarbenen Freizeitanzügen spazieren, Vater und Mutter essen Gambas mit Knobi aus einem Pappschälchen. Aber zwischen den Buden mit Heringsbrötchen und Softeis, Pommes und Postkarten steht auch die in einen Findling eingelassene Gedenktafel für Wolfgang von Gronau, der von List aus einige der kühnsten Unternehmungen der Geschichte der Luftschifffahrt startete.

Schon als Junge hatte ich die Erinnerungen von Gronaus gelesen. Als Kind war er mit einem Asthmaleiden auf die Insel gekommen, die ihn tief beeindruckte. Als junger Mann ging er, gegen den Willen seines Vaters, der ein General der Artillerie war, erst zur Marine, dann zu den Seefliegern. Seine Erlebnisse hat er schlicht und anschaulich und ohne Pomp beschrieben. Und mein Knabenherz schlug höher bei Sätzen wie diesen: «Das Napier-Lion-Triebwerk vor mir in dem Heinkel-Seeflugzeug He-V dröhnte wunderbar. Ich gab ihm noch einen Zahn Gas mehr, drückte den Vogel etwas an und überflog auf die Sekunde genau die Startlinie. Mit dem linken Arm wischte ich den Schweiß vom Gesicht. Unter mir lag die

Ostsee. Hinter mir versank Warnemünde, versanken unzählige Menschen, die herbeigeeilt waren, um den Start der Maschinen zu sehen.» Im Sommer 1930 überquerte von Gronau mit einem Flugboot vom Typ Dornier «Wal», das für eine Nordpolexpedition des Polarforschers Roald Amundsen gebaut worden war, in acht Tagen den Atlantik, mit Zwischenstationen zum Auftanken in Irland, Grönland und Kanada.

Als von Gronau in List startete, wussten nicht einmal sein Kopilot und sein Funker etwas über das Ziel, und im Berliner Verkehrsministerium war die fristlose Entlassung des Vorstandsmitglieds der neu gegründeten Deutschen Verkehrsfliegerschule für die Ausbildung zur See unterschriftsreif. Aber wo wäre die Menschheit heute ohne die kühnen Männer mit den hochfliegenden Köpfen? Andererseits hat wahrscheinlich das Sylter Reizklima einen veritablen Anteil an dieser halsbrecherischen Unternehmung, die von Gronau wohl kaum am Ufer des Müggelsees oder am Strand der Adria in den Sinn gekommen wäre. Wie auch immer: Nach der geglückten Landung in New York, von der es ein hinreißendes Foto gibt, nahm der Jubel diesseits und jenseits des Atlantiks kein Ende. Als von Gronau nach Deutschland zurückgekehrt war, gab es einen feierlichen Empfang, ein Ölgemälde, das den «Ewigkeits-Fjord» in Grönland zeigte, und ein Schulterklopfen des Reichsverkehrsministers: «Das haben Sie jut jemacht.»

Im Jahr 1931 flog von Gronau mit einer neuen «Wal» von List nach Chicago und im Jahr 1932 startete er von List aus zu einem Flug rund um die Erde, der nach gut drei Monaten vor der Dornier-Werft am Bodensee endete.

Mit Wolfgang von Gronau im fliegenden «Wal» noch einmal zum Orinoko, um meine Theorie der Gabelteilung des Flusses auch durch photographische Dokumente der Obersicht zu belegen, dann vielleicht noch eine Runde um den Pinchincha und Chimborazo, einfach zum Spaß, den von Gronau gewiss genauso empfinden würde wie ich – ach, das wäre wunderbar!

Tief in Gedanken versunken und beschwingt zugleich, verlasse ich den Hafen, gehe in Richtung Süden, biege aber am Ortseingang von List rechts in den Möwengrund ein, um die auf der Düne liegende Wetterstation zu besuchen. Der Dienst habende Wettertechniker ist ein freundlicher Mann und erklärt mir seine Arbeit. Einmal pro Stunde sammelt er die Werte ein, die teils automatisch registriert (zum Beispiel Windrichtung, Windstärke, Temperatur, Luftfeuchtigkeit, Luftdruck) und teils von ihm selber bestimmt werden (Sichtweite, Bewölkung, Höhe der Wolken). Diese Werte werden an das Zentrum der 120 deutschen Wetterstationen weitergegeben, das in Offenbach am Main seinen Sitz hat. Alle drei Stunden wird die Wetterkarte den neuen Daten entsprechend verändert, von der sich dann die Wege der Kalt- und Warmfronten beziehungsweise mögliche Okklusionen prognostizieren lassen.

Die Uhr an der Wand der kleinen Stube mit dem weiten Ausblick zeigt die neunte Stunde. Ich bin etwas irritiert, weil meine Taschenuhr bereits zwei Stunden weiter ist. «Greenwich meantime», sagt der Mann und fügt hinzu, dass die Zeit von ihm und seinen Kollegen hier zu Ende gehe. Mit den Wetterstationen wird es gehen wie mit den sieben Sylter Leuchttürmen, die seit 1978 automatisiert sind. Allerorten spart der Mensch den Menschen ein und die notwendige Konsequenz daraus ist, dass eines Tages die Menschheit sich den Menschen nicht mehr leisten kann. Heute Abend muss ich einen Brief an Wilhelm schreiben. Ob er ähnliche Beobachtungen gemacht hat?

Alexander von Humboldt, der große Forschungsreisende und Naturwissenschaftler jenseits aller Spezialisierung, wurde 1769 in Berlin geboren und starb 1859 daselbst. Er war der jüngere Bruder von Wilhelm von Humboldt, dem Diplomaten, Geisteswissenschaftler und Mitbegründer der Berliner Universität.

Charlotte Link

Das Verhängnis

Nachts hatte er Mordgedanken.

Er konnte nicht schlafen, obwohl er den ganzen Tag am Meer entlanggelaufen, durch den schweren, nassen Sand dicht an der Brandung gestapft war, obwohl er so viel frische Luft in den Lungen hatte, dass es für Jahre hätte reichen müssen … nicht zu vergessen den Whisky, den er abends noch getrunken hatte, um sein Elend zu vergessen und müde genug zu werden, die quälenden Bilder verscheuchen und einschlafen zu können.

Er hatte sich immer als Pazifist bezeichnet, hatte jede Art von Gewalt als primitiv erachtet, hätte nie geglaubt, dass er sich einmal mit Gewaltphantasien herumschlagen würde. Aber nun tat er es. Er konnte an gar nichts anderes mehr denken.

Er wünschte dem fetten, alten, reichen Kerl jede nur vorstellbare schwere Krankheit an den Hals. Er sah ihn mit einem Messer im Herzen, mit einem Gewehrlauf an der Schläfe. Er sah ihn im Meer ertrinken und als hässliche, aufgequollene Leiche bei Flut an den Strand gespült werden. Er sah ihn vergiftet, geviertelt, erhängt, verbrannt. Und er sah sich als den Täter, sah sich hängen, sich geviertelt, sich ertränkt.

Sein Körper schwamm im Schweiß bei diesen Vorstellungen. Sein Atem ging schneller. Das Entsetzen über sich selber lag im ständigen Gefecht mit dem Hass, den er für das Opfer empfand.

Das bin ich nicht, dachte er, setzte sich auf und knipste das Licht an, das kann nicht ich sein. Es ist ein anderer.

Das Zimmer sah so freundlich und harmlos aus wie immer. Das typische Wohnzimmer in einem typischen Ferienappartement: billiger Tisch, billige Stühle, billige Schränke. Alles praktisch, zweckdienlich, robust und von ausgesuchter Scheußlichkeit. Aber trotzdem freundlich. Bunte Vorhänge und zwei gerahmte Fotografien von Sonnenuntergängen am Strand bei Rantum an der Wand. Ein Strauß Blumen auf dem Fernseher. Den hatte die Vermieterin dort hingestellt, zumindest nahm er das an. Niemand sonst kam hier herein, und sie war heute zum Putzen da gewesen. Er hatte die Blumen vorgefunden, als er spät abends von Strand und Kneipe zurückgekommen war. Die Blumen – hellrosa Strauchrosen – waren ihm sofort aufgefallen, und im ersten Moment hatte er geglaubt, Clara sei wieder da. Sein Herz hatte zu jagen begonnen, sein Mund war in Sekundenschnelle ausgetrocknet. Doch dann hatte er festgestellt, dass sie nicht da war und dass nichts hier darauf hinwies, dass sie überhaupt je da gewesen war. Er konnte nicht ein Kleidungsstück von ihr entdecken, auch nicht Schuhe oder eine Handtasche. Keine Spur von Kosmetika im Bad, keine zweite Zahnbürste. Von Clara stammten die Rosen nicht.

Warum stellt mir die Alte Rosen ins Zimmer?, hatte er aggressiv gedacht, war kurz versucht gewesen, Vase samt Rosen vom Fernseher zu fegen. Sie soll hier putzen und mich im Übrigen in Ruhe lassen, dafür bekommt sie ihr Geld, verdammt!

Wahrscheinlich sah er nach dieser furchtbaren Woche schon so elend aus, dass es selbst der Vermieterin aufgefallen war. Die Rosen mochten eine Geste des Mitleids sein. Mitleid war das Letzte, was er jetzt noch brauchen konnte, aber er hatte die Blumen dann dennoch stehen lassen, denn sie konnten für all diesen Schlamassel nichts, und es hätte ihm wehgetan, sie zerrupft und enthauptet auf dem Teppich liegen zu sehen.

Noch immer konnte er nicht im Schlafzimmer schlafen. In das breite Bett, das er mit Clara geteilt hatte, hätten ihn keine zehn Pferde gebracht. Das Laken roch noch nach ihr, und sie hatte ein T-Shirt unter der Decke liegen gelassen – am Tag nach ihrem Fortgehen war es ihm aufgefallen. Das Shirt hatte sie in den Nächten getragen. Es war blau und verwaschen und vorne prangte das Bild einer Sonnenblume drauf, zumindest Reste einer Sonnenblume, denn auch hier hatten viele Waschmaschinengänge bereits gewirkt und die Farben aus Blättern und Blüten gesaugt.

Masochistisch, wie er manchmal sein konnte, hatte er sich das T-Shirt an die Nase gepresst, Claras Haut und ihr Parfum gerochen und war dann weinend neben dem Bett auf die Knie gefallen, hatte geschluchzt und gezittert und sich den Tod gewünscht. Erst als er vor Erschöpfung nicht mehr hatte weinen können, war er aufgestanden, hatte das Hemd in eine

Ecke geworfen, seine Bettdecke und das Kopfkissen gepackt und war damit ins Wohnzimmer gezogen, hatte sich auf dem Sofa ausgestreckt und zu schlafen versucht. Es war die zweite schlaflose Nacht gewesen, der eine dritte, vierte und fünfte folgten. Er hätte nie gedacht, dass ein Mensch so lange ohne Schlaf auskäme. Aber vielleicht dämmerte er zwischendurch vor sich hin. Vielleicht waren seine Angst erregenden Phantasien in Wahrheit Alpträume. Das würde zumindest bedeuten, dass er nicht direkt etwas dafür konnte.

Es sah sich noch einmal im Zimmer um und fragte sich, weshalb er überhaupt noch hier war. Er hätte längst abreisen müssen oder zumindest in eine andere Pension oder in ein anderes Appartement umziehen. Was allerdings nicht ganz leicht gewesen wäre: Sylt war im Sommer praktisch komplett ausgebucht. Es wäre schon äußerstes Glück gewesen, wenn er noch irgendwo etwas gefunden hätte. Aber er versuchte es nicht einmal und er zog auch nicht in Erwägung, sich ins Auto zu setzen und nach Hause zu fahren. Er wusste, warum. Irgendwo in ihm war noch die unsinnige Hoffnung, Clara könnte plötzlich zurückkommen. Er würde eines Abends vom Strand heimkehren und sie hätte sich entweder von der Vermieterin den Schlüssel geholt und erwartete ihn am Esstisch sitzend oder sie säße auf der Stufe vor der Haustür, ihren großen, voll gepackten Rucksack neben sich, die nackten, braun gebrannten Beine von sich gestreckt.

«Gut, dass du kommst», würde sie sagen. Sie würde erschöpft aussehen und so, als ob sie Angst gehabt hätte, er könnte womöglich schon abgereist sein. «Ich habe Stunden gewartet!»

«Ich habe Tage gewartet», würde er erwidern. Er fand, das wäre wohl eine gute Antwort in diesem Moment. Er würde nach dem Schlüssel kramen, und sie würde ein wenig kleinlaut fragen: «Darf ich überhaupt noch mit hineinkommen?»

«Komm mit», würde er sagen, ziemlich kurz angebunden, und auf ihre Züge würde sich ein erster Anflug von Erleichterung malen, während sie ihm in die Wohnung folgen und sich etwas scheu umsehen würde, ohne zu wissen, wonach.

Er legte sich in sein Kissen zurück, ließ aber das Licht brennen und starrte zur Decke. Er wusste, dass die Szene so nicht aussehen konnte. Clara war die selbstbewussteste Frau, die er je kennen gelernt hatte. Selbst nach diesem unsäglichen Abenteuer würde sie noch hoch erhobenen Hauptes in sein Leben zurückmarschieren und erwarten, dass er Freudentränen vergösse.

Worauf sie lange warten kann, dachte er grimmig, ich weiß gar nicht, ob ich sie noch will!

Wahrscheinlich lag sie jetzt mit dem fetten, alten Kerl im Bett. Sicher in einer weit nobleren Herberge, als es dieses Appartement war. Im «Ritz» mindestens. Sie war jetzt seit vier Tagen in Paris, und sicher hatte sie den Typen schon ziemlich abgezockt. Besaß Schmuck und Kleider wie noch nie in ihrem Leben. Trank jeden Abend Champagner bis zum Abwinken und schlürfte dazu Austern.

Wie ich sie kenne, dachte er gehässig, wird sie nicht davor zurückschrecken, jedes noch so dämliche Klischee zu erfüllen. Sie wird gar nicht merken, welch ein verachtenswertes Bild sie dabei abgibt.

Er wälzte sich hin und her, merkte, dass er zu schwitzen begann. Sich Clara im Bett mit dem alten Knacker vorzustellen überstieg seine Kräfte. Das tat zu weh. Das tat so verdammt weh, dass er fluchtartig sein Sofa verließ. Er konnte nicht liegen bleiben, die Bilder fielen nun förmlich über ihn her, attackierten ihn von allen Seiten. O Gott, wenn er sich jetzt wieder hinlegte, würde er wahnsinnig werden. Er würde die fürchterlichsten Dinge sehen, die Clara mit dem Alten anstellte und die dieser Mann mit ihr anstellte, und bis morgen früh würde er den Verstand verloren haben.

Er zog Hose und Pullover an, nahm seine Jacke von der Garderobe. Besser, er liefe für den Rest der Nacht in der Gegend herum, als er fiele auf diesem Sofa, in diesem Zimmer langsam in eine tiefe Depression.

Ein frischer Wind wehte von Westen, ziemlich kühl für eine Augustnacht. Aber auch die Tage waren zurzeit nicht heiß, seit einer Woche herrschte eher frisches Wetter. Viele Wolken schoben sich immer wieder vor die Sonne; wer nicht im geschützten Strandkorb lag, fing an zu frösteln. Ihm war das gleich. Er wollte sowieso nicht einfach in der Gegend herumliegen. Er wollte laufen, praktisch von morgens bis abends und – wie es nun schien – auch von abends bis morgens. Er hatte den Eindruck, nie mehr damit aufhören zu können.

Durch das schlafende Wenningstedt lief er die Straße zum Strand entlang. Er hielt den Kopf gesenkt, denn der Wind tat ihm in den Augen weh. Nichts rührte sich oben auf der Uferpromenade. Hier saßen tagsüber und am Abend die Feriengäste dicht gedrängt, schauten über das Meer, tranken Weißwein und aßen Shrimps. Clara hatte diesen Platz gemocht. Nach einem Strandtag hatte sie hier gerne Halt gemacht und den ersten Cocktail des Abends getrunken. Er konnte sie vor sich sehen, ihre langen, windzerzausten Haare, das tief gebräunte Gesicht, den lachenden Mund. Sie liebte die Insel, war ein anderer Mensch, kaum rollten sie in Westerland vom Autozug.

Daheim in Berlin konnte sie manchmal grüblerisch sein und zur Melancholie neigen – was er übrigens an ihr immer gemocht hatte. Ihre gute Laune auf Sylt hatte ihn verunsichert. Er hatte dann nicht mehr das Gefühl gehabt, dass sie ihn brauchte; sie war dann zu sehr die Frau, die ihr Leben ohne irgendein Problem alleine meistert. Und eine Menge männlicher Blicke zog sie auf sich, viel mehr als in Berlin. In dem Anflug von Traurigkeit, der sich manchmal über ihr Gesicht legte, sah sie nicht halb so attraktiv aus wie in der strahlenden Fröhlichkeit, die sie auf der Insel ausstrahlte. Er hatte genau gemerkt, wie die Kerle ihr hinterher starrten. Und sie hatte es auch gemerkt, und es hatte ihr gefallen, und sie hatte gelacht, wenn sie seine Eifersucht spürte.

«Lass sie sich doch umdrehen nach mir», hatte sie gesagt, «glaubst du, ich will irgendetwas von denen? Die können mir alle miteinander total gestohlen bleiben.»

«Schau dir ihre Porsches an, ihre Cartieruhren, ihre fetten Wohlstandsbäuche», hatte er erwidert, «wahrscheinlich fändest du es ganz nett, so einen reichen Typen abzupumpen!»

Sie hatte laut gelacht. «Du kommst auf Ideen! Du weißt genau, dass ich mir aus diesem ganzen blöden Getue nichts mache!»

«Ja, das dachte ich ja auch. Ich dachte wirklich, du bist anders als andere Frauen.»

«Du dachtest? Welchen Anlass habe ich dir gegeben, deine Meinung über mich zu ändern?»

Er wusste, dass er sich bockig benahm, aber er konnte nicht anders. «Warum willst du in jedem Sommer nach Sylt?», hatte er zurückgefragt, «wir könnten auch woanders hinfahren. Aber nein, es muss die Insel sein, auf der die meisten reichen Säcke herumhängen!»

«Weil es unsere Insel ist», hatte sie gesagt, «deshalb will ich hier immer wieder hin.»

Er kletterte die steilen Holztreppen zum Strand hinunter. Wie tiefdunkel es hier war! Die Wolken verdeckten gerade den Mond und die meisten Sterne. Nur der weiße Sand gab der Nacht eine Spur von Helligkeit. Er zog seine Schuhe und Strümpfe aus, ließ sie einfach am Fuße der Treppe stehen. Er würde nachher wieder hier vorbeikommen.

Das Meer war schwarz und kam ihm bedrohlich vor, fremd und unnahbar, ganz anders als im Tageslicht. Er fror, aber er lief so schnell, dass ihm bald warm werden würde. Er ging dicht an der Brandung entlang, seine Füße wurden nass. Egal, sie würden auch wieder trocken werden. Was waren nasse Füße gegen eine in sich zusammengebrochene Lebensvorstellung? Gegen den Schmerz, sich so völlig in einem Menschen getäuscht zu haben?

Aber eigentlich habe ich mich nicht in ihr getäuscht, dachte er, ich hatte genau den richtigen Instinkt. Ich wusste schon, warum ich nicht mehr auf die Insel wollte, und ich wusste, warum sie hierher wollte! Sie war anfällig für Geld und Schickeria, und mit jedem Jahr wurde sie es mehr. Ihre Ideale blieben nach und nach auf der Strecke. Sie wurde gieriger, hungriger. Sie war infiziert. Sie hat sich noch eine Weile gewehrt, aber die Krankheit hatte sie im Grunde schon besiegt. Es war nur eine Frage der Zeit gewesen, wann sie die Waffen strecken würde.

Unsere Insel! Er dachte an den Sommer ihres Kennenlernens. Vor fünf Jahren war das gewesen. Hier auf Sylt. Er war eigentlich nur da gewesen, um sich um den Nachlass einer Verwandten zu kümmern; eine alte Tante war gestorben und hatte zwei Häuser in Keitum hinterlassen. Er, als einziger Jurist in der Familie, war ausersehen worden, sich um die Formalitäten zu kümmern.

Er hatte sich damals nur noch schwach an die Insel erinnert. Als kleiner Junge war er zweimal mit seinen Eltern zu Gast bei der Tante gewesen, aber er hatte die robuste, ziemlich derbe Frau nicht gemocht und war später nicht mehr wiedergekommen. Er hatte die Insel nun, als fast Vierzigjähriger, neu entdeckt und stand ihr zwiespältig gegenüber. Ihren Reizen hatte er sich kaum entziehen können, wer konnte das schon. Er war fasziniert gewesen von dem Geruch des Windes, von der Brandung der Nordsee, von den strohgedeckten Häusern, von den kleinen steinernen Mauern, die die Grundstücke umschließen, von den wilden Heckenrosen und von Wanderungen im Watt, von den Vögeln, die er dort sah, und von der Einsamkeit, die er dort zu finden vermochte.

Auf der anderen Seite hatte ihm der zur Schau gestellte Reichtum nicht gefallen. Vor allem abends, in den Bars und Kneipen, glitzerte ihm die Insel zu sehr. Viele der Menschen, die er getroffen hatte, waren ihm zu laut, fuhren zu protzige Autos, behängten sich mit zu viel Schmuck und führten hauptsächlich einen seiner Ansicht nach flachen Small Talk. Er wollte die Häuser verkaufen und sich dann davonmachen und höchstwahrscheinlich nicht wiederkommen.

Clara hatte er durch einen dummen Zufall kennen gelernt. Er war in ihrem Strandkorb gelandet. Er hatte ihn mit seinem verwechselt, beide waren sie grün weiß gestreift und standen unmittelbar nebeneinander. Sie war aus dem Wasser gekommen und unsicher vor ihm stehen geblieben, sie wusste für einen Moment auch nicht mehr, welcher Strandkorb wem gehörte. Aber dann hatte sie ihr Handtuch entdeckt und gelacht.

«Das ist meiner», hatte sie gesagt.

Er hatte das keinen Moment lang angezweifelt, war sofort aufgestanden und hatte sich entschuldigt. Er dachte, dass sie sein Verhalten als plumpe Anmache ansehen musste, und wusste nicht, wie er ihr hätte beweisen sollen, dass es tatsächlich ein Zufall gewesen war. Aber sie schien gar nicht daran zu denken, denn gleich am nächsten Tag suchte sie das Gespräch mit ihm und am übernächsten Tag verabredeten sie sich zu einem Wattspaziergang und danach gingen sie essen in Kampen und unterhielten sich bis weit nach Mitternacht.

Sie lebten beide in Berlin, was er für weit mehr als einen Zufall hielt. So begann ihre Liebe, und es machte ihm Spaß, Clara, die gerade ein Zweitstudium begonnen hatte, zu finanzieren.

Er überredete sie, zu ihm in die Wohnung zu ziehen, und

nach einigem Hin und Her willigte sie ein. Er fand, dass sie wie füreinander geschaffen seien, vor allem, weil sie dieselbe Weltanschauung hätten. Seine Wertvorstellung deckte sich mit ihrer. Beide mochten sie unverhohlen zur Schau gestellten Reichtum nicht, und fanden, dass sich eine bedauerliche Dekadenz breit gemacht hatte. Die meisten Menschen hatten wenig Moral, und wenn Clara dem auch nicht dieselbe Bedeutung zumaß wie er, so pflichtete sie ihm zumindest im Wesentlichen bei, wenn er seine langen Monologe zu dem Thema hielt. Daraus schloss er, dass sie dachte wie er. Jetzt, im Nachhinein, nachdem die Katastrophe über ihn hereingebrochen war, überlegte er, dass sie vielleicht manchmal nur ihre Ruhe hatte haben wollen. Dass sie «Ja» gesagt hatte, um das Thema nicht vertiefen zu müssen.

Er mochte es, dass sie politisch bei den Grünen stand und ihr Lebensstil von ökologischen Idealen geprägt war, ohne dabei penetrant zu sein. Ihre Vorliebe für handgefertigten Silberschmuck und ihre völlige Abkehr von jeglicher Haute Couture gaben ihm Sicherheit. Clara würde nie zu korrumpieren sein. Sie würde sich und ihm treu bleiben.

Der einzige Streit, den sie alljährlich hatten, drehte sich um den Sommeraufenthalt auf Sylt.

«Warum», fragte er immer wieder, «willst du dort unbedingt hin? Es gibt so viele andere Orte, in denen wir Ferien machen könnten!»

«Aber ich liebe Sylt!» Clara konnte absolut unnachgiebig sein. Sie war als Kind mit ihren Eltern in jedem Sommer auf der Insel gewesen, sie konnte von dieser Tradition nicht abweichen, sie brauchte die Atmosphäre dort, die Luft, das

Wasser, den Geruch, sie brauchte all die vertrauten Plätze ihrer Kindheit. Und zuletzt kam stets das Argument, das sie sich als Trumpf aufsparte und das sie offensichtlich für völlig unwiderlegbar hielt: «Es ist unsere Insel!»

Die Häuser der alten Tante hatte er längst verkauft, und so wohnten sie Jahr für Jahr in dem billigen kleinen Appartement, das Clara im Sommer ihres Kennenlernens gemietet hatte. Er sagte, wenn sie schon unbedingt diesen Nostalgie-Trip glaube machen zu müssen, dann solle sie dabei auch konsequent sein und die schlichte Unterkunft ihres ersten Sommers beibehalten. Clara, dankbar genug, ihn überhaupt zu der Reise bewogen zu haben, willigte stets ein. Er beobachtete sie dabei mit Argusaugen; hätte sie abgelehnt oder zu debattieren begonnen, wäre dies für ihn der Beweis gewesen, dass sie anfinge, sich nach der Glitzerwelt zu sehnen, die er so sehr verabscheute und von der er stets fürchtete, sie werde Clara dort auf Sylt in ihren Bann ziehen.

Niemals, dachte er nun, hätte ich noch mit ihr hierher kommen dürfen.

Er blieb stehen und schaute über das Meer, das schwarz war und gefährlich. Ich hätte mich auf meinen Instinkt verlassen sollen. Man soll sich immer auf seinen Instinkt verlassen.

Er lief zurück, fand seine Schuhe am Fuße der Treppe, wo er sie abgestellt hatte. Sand knirschte zwischen seinen Zehen, als er zur Uferpromenade hinaufstieg. Vielleicht würde er jetzt schlafen können. Er hoffte es. Er sehnte sich danach, Ruhe vor seinen quälenden Gedanken zu finden.

Am nächsten Morgen saß er am Frühstückstisch, als – völlig außer der Reihe – die Vermieterin erschien. Er hatte natürlich nicht geschlafen und war müde zum Umfallen. Strahlende Sonne hatte in den ersten frühen Morgenstunden zum Fenster hineingeschienen, und er hatte gedacht, dass nun wenigstens einmal ein richtig schöner Sommertag sein würde, aber inzwischen hatte der Wind schon wieder Wolken herangeblasen, die Sonne war verschwunden, und als er für einen Moment vor die Tür getreten war, hatte er festgestellt, dass es kühl war.

Dieser August ist fast schon herbstlich, hatte er gedacht.

Er hatte sich schwarzen Kaffee eingegossen und würgte ein Brötchen hinunter, aber im Grunde hatte er keinen Hunger. Er hatte sicher stark abgenommen, aber auch diese Vorstellung gab ihm kein gutes Gefühl. Unter Figurproblemen hatte er sowieso nie gelitten. Als es klingelte, war er aufgestanden und hatte hoffnungsvoll die Tür geöffnet, aber es war nur die dicke Alte, die vor ihm stand.

«Ach, Sie sind noch gar nicht am Strand», sagte sie und versuchte, an ihm vorbei in den Wohnraum zu spähen, «ich dachte, weil Sie doch sonst immer schon so früh unterwegs sind ...»

«Ich habe verschlafen», sagte er, eine Bemerkung, die nicht ohne Ironie war angesichts des Umstandes, dass er seit Nächten fast gar nicht mehr schlief, und wenn doch, dann sehr rasch immer von seinen Alpträumen geweckt wurde. «Aber nach dem Frühstück werde ich zu einer Wanderung aufbrechen.»

«Die junge Dame ist wohl nicht mehr da? Jedenfalls habe

ich sie gar nicht mehr gesehen, und auch als ich gestern hier sauber gemacht habe ...»

«Ja?»

«Na ja, es sah gar nicht mehr so aus, als ob hier eine Frau wohnt», meinte die Alte. Sie war eine resolute Friesin, und es hatte nicht den Anschein, als schämte sie sich für ihre Neugier. «Hat es ihr hier plötzlich nicht mehr gefallen?»

Er überlegte, ob er ihr reinen Wein einschenken sollte. «Nein, es hat ihr wohl nicht mehr gefallen», sagte er.

Die Alte starrte ihn betroffen an. «Nein? Aber nun kommt sie doch schon seit Jahren hierher und war immer zufrieden ...»

«Sicher war sie das. Aber es hängt immer von der Alternative ab, nicht wahr?»

«Was meinen Sie?»

Er seufzte. «Man ist mit einer Sache nur so lange zufrieden, wie man nichts Besseres hat. Wenn ein phantastisches Angebot kommt ...»

Die Alte wirkte verletzt. «Also, ich denke nicht, dass sie derart preisgünstig eine so angenehme Wohnung irgendwo auf der Insel bekommt! Ist hier nicht alles, was man braucht? Und dann die Nähe zum Strand und eigener Zugang zum Garten und ...»

Wenn sie nun anfinge, die Vorzüge ihrer Primitiv-Herberge aufzuzählen, würde sie kein Ende finden.

Beschwichtigend legte er ihr die Hand auf den Arm. «Nein, nein, hier ist schon alles in Ordnung. Es ist auch weniger die Wohnung, was ihr nicht mehr gefallen hat ...»

«Was denn dann?»

Er hatte ohnehin praktisch keine Selbstachtung mehr. Es kam nicht mehr darauf an, ob irgendjemand sonst seine Niederlage mitbekäme oder nicht.

«Sie ist mit einem anderen Mann auf und davon», sagte er.

Die Alte bekam fast ihren Mund nicht mehr zu. «Ach, du liebe Güte ... das ist ja furchtbar ... deshalb sehen Sie so grau und schlecht aus in den letzten Tagen ... wie konnte das denn geschehen?»

Ja, wie geschieht so etwas wohl?, dachte er aggressiv. Wie kann jemand so dumm fragen?

«Es ist eben passiert», sagte er, «und nun ist sie fort, und ich bin noch hier.»

Sie kapierte offenbar, dass sie keine Chance hatte, weitere Informationen aus ihm herauszuholen. «Wenn ich irgendetwas für Sie tun kann ...», murmelte sie, und er sagte ungeduldig: «Dann lasse ich es Sie wissen, ja, vielen Dank.» Sie wandte sich schon zum Gehen, da fiel ihm noch ein, sich für die Rosen zu bedanken, die sie ihm hingestellt hatte.

«Gern geschehen», sagte sie, und er dachte, dass sie wohl eine ganz warmherzige Person sei, die durchaus mütterliche Gefühle hegte für ihre Gäste.

Aber helfen konnte sie ihm nicht.

An diesem Tag wanderte er von Wenningstedt bis nach List hinauf, ging ein langes Stück am Wasser und dann von Kampen aus durch die Dünen und am Wattenmeer entlang. Er aß bei «Gosch» Scampis und trank ein Glas Prosecco, saß draußen und ließ sich die Sonne, die sich bis zum Mittag wieder hervorgekämpft hatte, aufs Gesicht scheinen. Es waren Menschenmassen um ihn herum, aber er nahm ihre Stimmen und Gesichter nur wie durch einen Filter wahr. Er hätte ebenso gut alleine sein können.

Morgen werde ich abreisen, dachte er.

Clara war immer gerne gewandert; sie konnte ungeheure Strecken zurücklegen und dabei reden und lachen, als säße sie gemütlich auf einer Terrasse und habe nichts anderes zu tun, als zu plaudern. Er war oft mit ihr nach List gelaufen, sie hatten hier zu Mittag gegessen und sich dann auf einen gemütlichen Rückweg gemacht, der den ganzen Nachmittag dauern konnte. Manchmal hatte Clara Muscheln gesammelt, manchmal hatte sie plötzlich gesagt: «Komm, wir legen uns ein bisschen in die Sonne und schlafen.»

Sie hat die einfachen Dinge des Lebens geliebt, dachte er, und es hätte keinen Grund geben müssen für sie, plötzlich das Leben anders zu sehen.

Warum ändern sich Menschen?, fragte er sich. Gibt es nicht meistens irgendeinen Auslöser? Irgendein Ereignis? Kann es sein, dass ich etwas falsch gemacht habe?

Sie war noch jung, fast zehn Jahre jünger als er. Aber auch mit dreißig wirft man alte Prägungen doch nicht plötzlich über Bord, oder? Das tut man vielleicht mit zwanzig. Mit dreißig ist man gefestigt, da hatte man sich die Hörner abgestoßen, da hat man bereits ein paar Dinge ausprobiert und weiß, was man mag und was nicht.

Vielleicht eine spätpubertäre Oppositionshaltung, in die ich sie getrieben habe, dachte er. Sie war in der letzten Zeit manchmal ein wenig gereizt gewesen, wenn er ihr seine «Moralpredigten», wie sie es nannte, gehalten hatte.

«Jaja, ich weiß», hatte sie dann genervt gesagt, «du musst es nicht ständig wiederholen!»

Vielleicht, dachte er, wollte sie sich gegen mich abgrenzen. Etwas tun, was einen Graben zwischen uns aufreißen sollte. Vielleicht hat sie ganz dringend Abstand gebraucht.

«Lass mir ein bisschen Luft zum Atmen», hatte sie manchmal gesagt, wenn er sich nachts im Schlaf an sie gedrängt und beide Arme um sie geschlungen und sie immer dichter an sich herangezogen hatte. «Ich muss mich noch bewegen können.»

Ich muss mich noch bewegen können ... Dieser Satz war vermutlich viel tiefgründiger gewesen, als er ihn zuerst verstanden hatte. Ihn hatte es traurig gestimmt, dass sie im Bett nicht so geduldig seine Nähe suchte wie er ihre, aber nun begriff er, dass sie ihm viel mehr hatte sagen wollen.

Sie hat sich eingeengt gefühlt, dachte er, festgelegt auf eine Lebensweise, die sie noch gar nicht als die zu ihr gehörende akzeptiert hatte. Jedes Wort, das ich in diese Richtung gesprochen habe, muss ihren Wunsch zum Widerstand geschürt haben.

Er trank einen letzten Schluck Prosecco und wollte gerade aufstehen, um sich ein zweites Glas zu holen, da wurde er von einem Mann angesprochen.

«Hallo! Ich habe Sie ja lange nicht gesehen!»

Er wandte sich um. Er kannte den Typ flüchtig, der an seinen Tisch getreten war und sich nun unaufgefordert zu ihm setzte. Er hatte ein paar Mal in der Bar im Kampener «Gogärtchen» gesessen, als er mit Clara dort gewesen war. Irgendwann waren sie ins Gespräch gekommen. Der Mann nannte sich Joe, gab sich sehr weltmännisch, respektierte aber, dass Clara einen Begleiter hatte. Er versuchte nicht, mit ihr zu flirten, und das immerhin war angenehm an ihm gewesen. Aber das war auch das einzig Angenehme an ihm, dachte er nun.

«Wo ist denn Ihre hübsche, blonde Freundin?», fragte Joe und stellte sein Bierglas vor sich auf dem Tisch ab. «Ich habe euch beide seit Tagen nicht mehr in der Kneipe gesehen!»

«Sie ist nicht mehr da», sagte er.

Joe starrte ihn genauso überrascht an, wie es am Morgen die Wirtin getan hatte.

«Wie – sie ist nicht mehr da?»

Er fragte sich, wie Joe so schwerfällig sein konnte. Er hatte schließlich miterlebt, wie der reiche, alte Kerl im «Gogärtchen» Clara angebaggert hatte.

«Sie ist mit dem alten Geldsack auf und davon», sagte er.

«Mit welchem?», fragte Joe.

«Mit dem, der sie neulich abends so unverschämt bedrängt hat.»

Joe, dem der Alkohol offensichtlich schon weit mehr Gehirnzellen zerfressen hatte, als es auf den ersten Blick den Anschein hatte, begriff noch immer nicht, worum es ging. «O Gott, keine Ahnung mehr, wer das war. Sie ist weggegangen mit einem?»

«So ein reicher Typ. Mit Goldkettchen und Rolex. Und Porsche. Er hat sie an der Bar angesprochen.»

Joe legte seine flache Stirn in Falten. «Ich erinnere mich. Total dunkel. Aber sie ist doch kein bisschen auf ihn eingegangen!»

Er lächelte müde. Joe konnte das natürlich nicht wissen. Er

kannte Clara nicht. Clara war nicht plump, nicht direkt, das war sie nie gewesen. Ein gewisses Stilgefühl konnte man ihr nicht absprechen.

Er war auf der Toilette gewesen, und als er zurückgekommen war, hatte er gesehen, wie sich Clara mit dem Kerl unterhielt. Er hatte sich, das wurde ihm klar, zu lange auf der Toilette aufgehalten, er hatte Clara zu lange allein gelassen. Aber es war ihm nicht gut gegangen, er hatte sich ein paarmal kaltes Wasser ins Gesicht spritzen müssen, hatte sein erhitztes Gesicht an die kühlen Kachelwände gepresst. Er wusste nicht, weshalb Clara neuerdings immer abends ausgehen wollte.

«Lass uns doch einmal wieder daheim bleiben», hatte er gesagt, «wir waren jetzt vier Abende hintereinander in dieser Bar...»

Sie hatte gelacht. «Sei doch nicht so phlegmatisch! Den ganzen Tag hängen wir beide zusammen. Es macht Spaß, abends ein paar andere Menschen kennen zu lernen.»

«Männer meinst du!»

«Menschen. Ich habe überhaupt kein Bedürfnis, speziell Männer kennen zu lernen.»

Es saßen dann aber praktisch nur Männer an der Bar. Zeitweise war Clara die einzige Frau. Er bemerkte, dass sie alle Blicke auf sich zog. Sie sah gut aus an diesem Abend, braun gebrannt inzwischen, fröhlich und strahlend. Sie unterhielt sich eine Zeit lang mit Joe, aber das schien ungefährlich: Joe war zwei Köpfe kleiner als sie und so schmierig, dass sich keine Frau von Verstand mit ihm eingelassen hätte. Trotzdem merkte er, dass er Kopfschmerzen bekam. Dies hier war nicht

sen. Aber das mochte den Typen besonders reizen. Clara hatte sich nicht völlig abweisend gegeben, aber deutlich gemacht, dass sie eine schwierige Beute sein würde. Vermutlich war Addi bereits im Jagdfieber.

«Wir werden ja sehen», sagte er und startete das Auto.

Innerlich war ihm kalt gewesen. Er hatte das Drama so deutlich gefühlt, als sei es bereits geschehen, unabänderlich und grausam.

Die Dinge waren entschieden, und er wusste es. Nur Clara hatte noch keine Ahnung.

«Lieber Himmel», sagte Joe, «die hat sich von dem Ekelpaket wirklich noch abschleppen lassen?»

Ja, und du bedauerst es vermutlich, dass du dich nicht mehr ins Zeug gelegt hast, um vielleicht auch noch bei ihr zu landen, dachte er zornig.

«Wir haben Addi am nächsten Tag am Strand getroffen», sagte er, «Clara und ich hatten Krach, wir redeten nicht miteinander. Das machte die Sache für Addi leichter.»

«Lieber Himmel», sagte Joe noch einmal, «Dinge gibt es …» Er legte den Kopf in den Nacken, blinzelte in die Sonne. Der Wind hatte nun nahezu alle Wolken verscheucht, und sofort wurde es richtig warm. Ringsum zogen die Leute ihre Jacken und Pullover aus, setzten ihre Sonnenbrillen auf. Die Vorsichtigen kramten die Flaschen mit dem Sonnenöl hervor und begannen sich einzucremen. Er begann zu schwitzen. Warum hatte er seinen dicken Wollpullover angezogen? Ihm hätte klar sein müssen, dass der Tag warm werden würde.

«Wir sind von Wenningstedt nach Kampen gewandert»,

sagte er, ohne sich darüber klar zu sein, weshalb er ausgerechnet Joe die Details der Tragödie mitteilte, «es war warm ... irgendwo kam uns Addi entgegen. In einer Badehose mit Tigermuster und mit nacktem Oberkörper.»

«Kann nicht besonders toll ausgesehen haben», sagte Joe, «der Typ hatte doch einen unheimlich fetten Bauch.»

«Ja, und der glänzte auch noch vom Sonnenöl. Aber die viele Kohle sah man ihm selbst im halb nackten Zustand noch von weitem an.»

Er und Clara hatten tatsächlich nur das Nötigste miteinander gesprochen. Er hatte die ganze Nacht nicht geschlafen, hatte sich hin und her gewälzt und verbittert auf Claras tiefe und gleichmäßige Atemzüge gelauscht. Klar, dass sie gut schlief! Abgefüllt mit Alkohol, wie sie war, und zufrieden nach einem Abend, an dem sie von allen Seiten angemacht worden war ... Wahrscheinlich träumte sie von Addi und einem Haufen Saphire. Er war überzeugt, dass der Gedanke an die Edelsteine und an einen aufregenden Paris-Trip in ihrem Unterbewusstsein arbeitete. Sie hatte darüber gelacht, aber ihre Augen hatten geblitzt. Auf irgendeine Weise hatte sie es genossen.

O Gott, dachte er und starrte mit weit aufgerissenen Augen in die Dunkelheit, wenn wir nur abreisen könnten! Wenn wir nur sofort abreisen könnten!

Während des Frühstücks sagte er kein Wort. Clara war nun wieder nüchtern und ein wenig verkatert. Sie sah elend aus, wie er zufrieden feststellte. Sie aß nichts, trank nur starken schwarzen Kaffee und löste sich ein Aspirin in Wasser auf. Sie sollte ruhig leiden. Wenn sie meinte, in den Nächten ein ausschweifendes Leben führen zu müssen, konnte es ihr durchaus schlecht gehen am nächsten Tag.

«Könntest du mir mal sagen, was los ist?», fragte sie nach einer halben Stunde, während er demonstrativ an ihr vorbei in den Garten hinausgesehen und stumm in seiner Tasse gerührt hatte. «Bist du sauer auf mich?»

«Hätte ich einen Grund?»

«Nein. Aber manchmal bist du auch ohne Grund sauer.»

Er zuckte mit den Schultern, rührte weiterhin mechanisch in seinem längst kalt gewordenen Kaffee.

Später wanderten sie den Strand entlang, und nun war auch Clara beleidigt und sagte nichts mehr. Erst als sie Addi trafen, fing sie wieder an zu reden – und zu lachen und die Haare zurückzuwerfen.

Sie tut das absichtlich, dachte er, um mir eins auszuwischen.

Aber vielleicht tat sie es gar nicht, um ihn zu ärgern. Vielleicht fand sie wirklich Gefallen an dem Mann. Vielleicht rechnete sie sich im Stillen schon aus, was ihr das Leben an seiner Seite einbringen würde.

«Kommt ihr heute Abend ins ‹Gogärtchen›?», fragte Addi.

«Ja, natürlich», sagte Clara und lachte affektiert.

«Nein», sagte er.

«Dann kommst du eben alleine», sagte Addi zu Clara und zwinkerte ihr zu.

Bildete er es sich ein, oder zwinkerte Clara tatsächlich zurück?

Joe ging an die Theke, um sich ein zweites Bier zu holen. Er überlegte, ob er die Gelegenheit nutzen und sich aus dem Staub machen sollte. Doch da kehrte Joe bereits zurück, gierig auf weitere Informationen.

«Sie müssen sich ja totschwitzen», sagte er und fächelte sich selbst Luft zu, «ziehen Sie doch Ihren Pullover aus!»

«Ich habe nichts darunter an», sagte er.

Joe lachte dröhnend. «Bisschen prüde, was? Hier auf der Insel laufen die Leute stellenweise ganz nackt herum! Da werden Sie doch Ihren Pullover ausziehen können! Ihnen läuft ja schon der Schweiß ganz dick über das Gesicht!»

Tatsächlich war ihm heiß wie fast nie zuvor. Er konnte kaum atmen.

Zieh doch das Ding aus, sagte er sich, aber irgendeine innere Stimme warnte ihn davor, dies zu tun. Er begriff nicht recht, weshalb er gewarnt wurde. Irgendetwas stimmte nicht. Irgendetwas war gefährlich. Wenn er nur gewusst hätte, was es war …

Dunkel entsann er sich der tiefen Kratzer auf Brust, Schultern und Armen. Sie bluteten nicht mehr, aber sie waren noch zu sehen.

Ein unschöner Anblick, entschied er, unästhetisch, nichts für die Öffentlichkeit.

«Mir ist gar nicht so warm», behauptete er.

Joe sah ihn ungläubig an. «Ziemlich durch den Wind, wie? Na ja, wenn mir die Frau durchbrennen würde … da wüsste ich auch nicht mehr, ob mir warm oder kalt ist. Ist sie denn noch auf der Insel mit dem Kerl? Ich meine, begegnen Sie den beiden noch?»

«Sie ist mit ihm nach Paris gereist. Er wollte sie mit Saphiren beschenken.»

«Und da ist sie schwach geworden, wie?»

Er nickte. Es war ein unendlich müdes, resigniertes Nicken. «Ja. Da ist sie schwach geworden.»

Joe nahm einen tiefen Schluck aus seinem Bierglas. «Die Weiber sind alle gleich», sinnierte er, «eine wie die andere. Wenn sie irgendwo Kohle wittern oder Schmuck oder Klamotten sind sie nicht mehr zu halten. Eine Scheißwahrheit, aber eine Wahrheit.»

«Clara war nie so.»

«Aber jetzt ist sie doch so.» Joe klopfte ihm kameradschaftlich auf die Schulter. «Kopf hoch! Die Zeiten werden auch wieder besser. Würde mich sowieso nicht wundern, wenn sie eines Tages wieder reumütig vor Ihrer Tür steht!»

«Meinen Sie?»

«Klar. Irgendwann wird alles einmal fad, selbst der schönste Luxus. Die kommt angekrochen, ich sag es Ihnen!»

Aber selbst dann, dachte er, wird es nie wieder sein, wie es war.

Am Abend machte er einen Spaziergang am Watt bei Kampen. Drüben am offenen Meer musste es einen prachtvollen Sonnenuntergang geben, aber er war nicht in der Stimmung, sich das Schauspiel anzusehen. Er begegnete einigen Spaziergängern, manche grüßten ihn, aber er antwortete ihnen nicht. Er wollte mit sich und seinen Gedanken allein sein.

Warum hatte er nicht die geringste Hoffnung, dass Clara zurückkäme? Natürlich würde die Geschichte mit Addi zwischen ihnen stehen, aber manchmal waren Neuanfänge auch unter schlimmsten Bedingungen möglich. In diesem Fall aber war er überzeugt, dass es keinen Neuanfang geben könnte. Er würde Clara nie wieder sehen.

Er erinnerte sich an frühere Beziehungen. Allzu viele hatte er nicht gehabt, eigentlich nur zwei wirklich ernsthafte Geschichten. Sie waren ähnlich zu Ende gegangen: Irgendwann hatten sich die Frauen in andere Männer verliebt und waren mit ihnen verschwunden. Es gab keine Moral unter den Menschen, das war seine bittere Erkenntnis gewesen. Bis Clara kam.

Mit Clara hätte es anders laufen können, davon war er überzeugt. Die verdammte Insel war schuld. Im normalen Leben wäre Clara einem Addi nie begegnet. Einer wie er gehörte nicht zu ihrer beider Umgang, gehörte nicht zu den Menschen, mit denen sie sich trafen, mit denen sie zu tun hatten. Hier auf Sylt prallten Welten aufeinander, dazu auf begrenztem Raum, zwangsläufig, wie es bei Inseln nun einmal der Fall war. Hierher kamen Naturapostel, Romantiker, Sportler, Erholungssuchende, Familien mit kleinen Kindern – und Neureiche. Menschen, denen es wichtig war, sagen zu können, dass sie ihren Sommer in Kampen verbracht hatten. Die alleine mit der Erwähnung dieses Namens schon darauf hinwiesen, über welch prall gefüllte Bankkonten sie verfügten. Menschen, die «in» sein wollten, schick und lässig. Die einen bestimmten Lebensstandard demonstrierten und wollten, dass jeder in ihrer Umgebung davon wusste.

Und davon hatte Clara sich einfangen lassen. Das einfache Leben hatte ihr nicht mehr genügt. Ihr alljährliches Drängen, auf die Insel zu fahren, hätte ihm schon lange zu denken geben sollen. Das Beschwören ihrer Kindheitserinnerungen, das sentimentale Beharren auf Sylt als «ihre» gemeinsame Liebesinsel hatten schon lange nicht mehr der Wahrheit entsprochen. Es war ihr nur noch darum gegangen, interessante Menschen kennen zu lernen – und interessant verband sie in ihrer Vorstellung mit reich und schön. Nun konnte man Addi aus Düsseldorf zwar keineswegs als schön bezeichnen, aber dafür war er doppelt so reich wie die meisten anderen, und das glich so vordergründige Makel wie seinen Bauch, sein fettes Gesicht und die kurzen Beine offenbar völlig aus.

Er war weit gelaufen, langsam wurde es dunkel, und er war nun ganz alleine hier. Als er merkte, dass er schneller atmete und rascher gelaufen war, als ihm bewusst gewesen war, blieb er stehen. Das Meer lag völlig still vor ihm, es war kein Sonnenlicht mehr über ihm, aber ein letzter Abglanz des Himmels, ein hellgoldener Schein.

Wie schön es hier ist, dachte er, wie still und friedlich.

Er setzte sich auf einen Stein und fühlte für den Moment eine Ruhe, die sich sehr sanft in ihm ausbreitete. Diese Ruhe war schon sehr lange nicht mehr in ihm gewesen. Manchmal hatte er gedacht, sie habe ihn völlig verlassen, und dies nicht erst, seit Clara vor einigen Tagen davongegangen war. Schon in den letzten Jahren hatte das Gefühl der Angespanntheit in ihm vorgeherrscht. Sicherlich hatte er Clara zu sehr analysiert, hatte sie ständig beobachtet, ihr Verhalten beleuchtet, jedes Wort, das sie sagte, von allen Seiten begutachtet, und manchmal auch jedes Wort, das sie nicht sagte. Gerade weil sie seine Traumfrau war, weil sie die Anforderungen zu erfüllen schien, die er an eine Beziehung stellte, hatte er besonders ängstlich darüber gewacht, dass sie an keiner Stelle Brüche aufwies. Aus einem Haarriss, das wusste er, konnte ein tiefer Graben werden, wenn man ihn nicht rechtzeitig bekämpfte. Er hatte Clara observiert wie einen Staudamm, zwischen dessen Steinen jeden Tag das erste Wasserrinnsal und später eine Flutwelle hindurchbrechen könnte. Daher hatte er nicht mehr locker sein können, nicht mehr ausgeglichen. Seinen Beobachtungsposten hatte er vierundzwanzig Stunden am Tag nicht verlassen. Erst jetzt registrierte er, wie viel Kraft ihn das gekostet hatte.

Ich fühle mich besser, weil es jetzt passiert ist, dachte er, so schlimm es ist, aber ich kann endlich aufhören, mich zu fürchten. Es ist passiert. Sie hat mich verlassen. Sie hat unsere Ideale verraten. Sie hat getan, wovor ich am meisten Angst hatte. Damit hat sich die Angst erfüllt. Und nun kann ich sie loslassen.

Es war, als glitte die Angst ganz langsam aus ihm heraus. Sie zog sich aus all seinen Organen zurück, aus seinen Nerven, aus seinen Gelenken und Knochen. Erstaunt bemerkte er, wie umfassend sie ihn besetzt hatte. Sie war überall gewesen, ständig in ihm und um ihn.

Es war ihm, als schlage sein Herz gleichmäßiger, als ginge sein Atem ruhiger. Als könne er den Kopf höher tragen, seinen Blick wieder fest in die Zukunft richten. Als könne er überhaupt die Dinge um sich herum wieder wahrnehmen. Clara stand nicht mehr davor. Sie hatte den Weg freigegeben.

Tief sog er die frische, klare Abendluft ein.

Es ist ein neues Leben, dachte er.

Am nächsten Morgen erschien die Wirtin erneut in aller Frühe und brachte ihm ein Stück Kuchen. Er hatte die Nacht wieder auf dem Sofa verbracht, aber er glaubte, in Zukunft notfalls auch im Bett schlafen zu können. Er hatte mehr geschlafen als in den Nächten vorher; zwar war er oft aufgewacht, hatte sich dann minutenlang unruhig gewälzt, war dann aber wieder eingeschlummert. Seine Gewaltträume allerdings hatten ihn wieder begleitet. Er hoffte, dass auch sie sich mit der Zeit verlieren würden.

«Ich wollte nur mal schauen, wie es Ihnen geht», sagte die Wirtin, «gestern haben Sie mir gar nicht gefallen. Sie sahen richtig grau und elend aus.»

«Nett, dass Sie sich kümmern», sagte er, obwohl er überzeugt war, dass nur Neugier die alte Schlange zu ihm trieb, «es geht mir gut. Sie müssen sich keine Sorgen machen.»

«Dann bin ich aber froh.» Sie wirkte enttäuscht. Sicherlich hatte sie gehofft, er werde die Gelegenheit beim Schopf ergreifen und ihr sein Herz ausschütten, und sie würde ein paar interessante Details aus seinem Beziehungsleben erfahren. «Das Leben geht weiter, sage ich immer.»

Er nickte, als habe sie eine völlig neue Weisheit entdeckt und formuliert. «Da haben Sie Recht. Es geht immer weiter.» Er machte eine kurze Pause. «Trotzdem», fuhr er fort, «verstehen Sie vielleicht, dass ich meinen Urlaub hier nun doch abbrechen möchte. Ich würde gerne morgen abreisen.»

«Oh, das verstehe ich durchaus. Ein Ort voller schmerzlicher Erinnerungen ...»

Nun hielt sie einen Moment lang inne. Etwas verlegen setzte sie dann hinzu: «Allerdings ...»

«Ich weiß. Ich muss meine Buchung natürlich voll bezahlen.»

«Ich kann nicht darauf verzichten. Ich habe ja anderen Gästen abgesagt, und ich möchte ...»

Er nickte ungeduldig. «Keine Frage. Sie bekommen Ihr Geld. Das ist doch selbstverständlich.»

Sie lächelte erleichtert.

Wenn sie Glück hat, dachte er, findet sie kurzfristig noch andere Gäste. Dann kassiert sie doppelt. Und genau das geht ihr gerade durch ihren geschäftstüchtigen Kopf, und deshalb grinst sie so zufrieden vor sich hin.

Er war froh, von der Insel fortzukommen. Weg hier, nur weg. Am liebsten wäre er sofort abgereist, aber irgendetwas trieb ihn, noch ein letztes Mal die vertrauten Stätten zu besuchen. Er wusste, dass er nie wieder hierher kommen würde. Da konnte man sich mit dem Abschied ein wenig Zeit nehmen.

Er wanderte nach List hinauf und aß bei «Gosch» zu Mittag. Wohlweislich hatte er diesmal ein leichtes T-Shirt angezogen. Die Sonne brannte.

Typisch, dachte er, kaum reist man ab, schon wird das Wetter schön.

Auf dem Rückweg lief er am Meer entlang, die Schuhe in der Hand, die Füße vom weißen Schaum der Brandung umspült. Er sah den Badenden zu. Schöne Menschen, auffallend viele schöne Menschen. Jung, gesund, attraktiv. Elegante Badeanzüge, teure Sonnenbrillen. Früher hatte ihm dies einen Stich versetzt. Jetzt konnte er es gelassen beobachten.

Kann mir nichts mehr anhaben, dachte er, kann mich nicht mehr berühren.

Am späten Nachmittag langte er wieder in Wenningstedt an, kletterte ziemlich müde die steile Holztreppe hinauf. Er erwischte einen letzten freien Platz oben an der Promenade, trank einen Cocktail, schaute der Sonne zu, die sich tiefer neigte und rötlich färbte. Ein wohliges Gefühl der Entspannung war in ihm.

Leichtigkeit, dachte er, es ist so etwas wie eine innere Leichtigkeit. Wie schön sich das anfühlt!

Er beschloss, am Abend wieder nach Kampen zu fahren. Ein Wattspaziergang musste sein zum Abschluss, auch wenn er fast zu müde dazu war. Ausruhen konnte er dann zu Hause.

Er fuhr die kurze Strecke mit dem Auto, nachdem er im Appartement ein Stück Brot gegessen hatte. Er war noch immer nicht hungrig, aß eher aus Vernunftgründen. Schließlich durfte sein Kreislauf nicht schlapp machen.

Er parkte den Wagen auf dem großen Parkplatz gegenüber dem «Gogärtchen». In den letzten Tagen hatte er das nicht getan, hatte diese Stätte nicht ertragen. Jetzt konnte er es. Er schaute zu dem Gebäude hinüber, lächelte. Er hatte den Tyrannen, der ihn beherrscht hatte, endgültig besiegt. Er war im Reinen mit sich.

Der Wattspaziergang tat ihm gut, obwohl ihn die Füße schmerzten vom vielen Laufen. Es war schon dunkel, als er zum Auto zurückkehrte. Nun hatte er allen Plätzen, die ihm wichtig waren, die eine Bedeutung für ihn hatten, Lebewohl gesagt. Er hatte sich von einem ganzen Lebensabschnitt verabschiedet. Von Clara. Von allem, was mit ihr zusammenhing.

Als er die Autotür aufschloss, spürte er plötzlich eine Hand auf seinem Arm. Ruckartig drehte er sich um.

Hinter ihm stand Addi.

«Dachte ich doch, dass Sie das sind!», sagte Addi. «Ich stand gerade drüben, schnappte ein bisschen frische Luft ... da habe ich Sie erkannt!»

«Würden Sie bitte meinen Arm loslassen?» fragte er mit kalter Höflichkeit in der Stimme.

Addi zog seine Hand zurück.

«Sitze schon den ganzen Abend drinnen an der Bar», sagte er, «Joe ist auch da. War total erstaunt, mich zu sehen. Faselte irgendeinen Blödsinn, ich sei in Paris oder so was Ähnliches! Was soll ich denn in Paris?»

«Warum fragen Sie mich das?»

Addi musterte ihn misstrauisch. «Also, Joe hat mir da eine total abgedrehte Geschichte erzählt. Ich hätte Ihre Freundin angebaggert und nach Paris eingeladen, und sie wäre tatsächlich mit mir abgereist. Um sich mit Juwelen überschütten zu lassen! Ich dachte, ich spinne! Und Sie, hat er gesagt, wären jetzt völlig fertig und ein Bündel Elend, und das alles wegen mir ...» Addi nahm einen tiefen Zug aus seiner Zigarette. «Wissen Sie, mir liegt schon daran, das richtig zu stellen. Vielleicht haben Sie mich ja irgendwie verwechselt. Ich hab Ihre Kleine nicht angefasst, Ehrenwort! Mach ich nicht, so was! Hab noch nie einem anderen die Frau ausgespannt!»

Er betrachtete Addi kühl. Überlegen. Distanziert. So fühlte er sich jedenfalls. «So? Sie haben ihr nicht Saphire versprochen, für den Fall, dass sie mit Ihnen nach Paris kommt?»

Addi wirkte ein wenig verlegen. «Doch, kann sein, das hab ich gesagt, als ich sie angesprochen habe. Ist so ein Standardspruch von mir. Wirkt immer bei Frauen, wenn man ihre Augen mit irgendwelchen Edelsteinen vergleicht. Aber, lieber Gott», er hob abwehrend beide Hände, «mehr war nicht! Ganz sicher nicht!»

«Sie haben ihr eine Menge Champagner bezahlt.»

Addi warf seine Zigarette auf die Straße und trat sie mit dem Absatz seines Schuhes aus. «Okay. Das gehört sich nicht, wenn eine Frau mit Begleiter da ist. Gebe ich zu. Aber Ihnen wollte ich ja auch einen Champagner ausgeben, aber Sie haben ja nicht einmal den ersten getrunken!»

«Nun, wie auch immer ...», er wandte sich wieder seiner Autotür zu, «ich denke nicht, dass wir beide einander je wieder sehen. Ich reise morgen am späten Vormittag ab. Dies hier war mein letzter Tag auf der Insel.»

«Moment», sagte Addi, «ich möchte die Sache geklärt haben! Ich will so einen Verdacht nicht auf mir sitzen lassen, verstehen Sie? Schließlich haben Sie das alles ja auch herumerzählt! Joe weiß zum Beispiel davon, und das bedeutet, ganz Sylt weiß es.»

«Das interessiert mich nicht.»

«Aber mich! Hören Sie ... Sie müssen doch zugeben, dass ich hier vor Ihnen stehe, oder? Dann kann ich kaum gleichzeitig mit Ihrer Süßen in Paris sein!»

«Sie könnten inzwischen zurückgekehrt sein!»

«Bin ich aber nicht. Weil ich gar nicht weg war!» Selbst in der Dunkelheit und nur im Schein der Straßenlaternen war zu erkennen, dass sich Addis Gesicht vor Wut verfärbte. «Sie können zwei Dutzend Leute fragen! Den Barkeeper aus dem ‹Gogärtchen›! Ich war jeden Abend dort! Meine Nachbarn. Meine Freunde! Vorgestern war hier eine Geschäftseröffnung, große Party. Da war ich mittendrin. Da waren auch Fotografen. Da gibt es Bilder von mir!» Addi sah aus, als wolle er jeden Moment mit dem Fuß aufstampfen. «Mensch, ich kann das beweisen! Ich hab keine Ahnung, mit wem Ihr blondes Schätzchen durchgebrannt ist, aber mit mir auf jeden Fall nicht!»

Er öffnete die Autotür. Einen Moment lang fürchtete er, Addi werde ihn packen und zurückreißen, aber offenbar ging ihm nun die Energie aus. Er stand mit hängenden Armen da.

«Was reg ich mich eigentlich auf! Soll ich Ihnen mal was sagen? Sie sind nicht ganz sauber! Das habe ich mir schon neulich abends gedacht. Der tickt nicht richtig, hab ich gedacht. Vielleicht bekommt Ihnen das Klima hier oben nicht. Extrem viel Sauerstoff, wissen Sie. Manchen wird da ganz schlecht. Aber das sollten Sie nicht harmlose Bürger ausbaden lassen!» Addi drehte sich um und stapfte davon. Unterwegs zündete er sich die nächste Zigarette an. Das Goldkettchen um sein Handgelenk blitzte.

Prolet, dachte er.

Er fühlte sich plötzlich sehr müde. Das Gefühl der Leichtigkeit war verflogen. Irgendetwas sagte ihm, dass Addi nicht log. Er hätte nicht erklären können, was es war, aber ihm war ganz klar, dass Addi die Wahrheit gesagt hatte. Er war nicht mit Clara in Paris gewesen. Was war geschehen?

In Wenningstedt fuhr er gleich zum Parkplatz am Strand, stellte den Wagen ab, ging über die dunkle, menschenleere Promenade und kletterte die Treppe zum Meer hinunter. Der Wind zerrte an seinen Haaren und Kleidern; er wehte unerwartet heftig hier unten am Strand, und er musste sich gegen ihn anstemmen, um bis zum Wasser zu kommen.

Er blieb stehen, als die Wellen seine Füße erreichten. Diesmal hatte er die Schuhe anbehalten, ohne es überhaupt richtig zu bemerken. Sie wurden nass, aber das war ihm egal. Er starrte auf den weißen Schaum, der über den Sand floss.

Wo war Clara?

Er lief am Meer entlang. Er hätte nie gedacht, dass ein Mensch so viel laufen konnte. Bis auf die Mittagspause bei «Gosch» war er jetzt fast achtzehn Stunden auf den Beinen. Trotzdem war nicht die Spur von Müdigkeit mehr da. Seine Glieder schmerzten nicht mehr. Alles trat zurück hinter seinen sich fieberhaft jagenden Gedanken. Er würde nicht stehen bleiben können, ehe er nicht Klarheit gefunden hatte. Klarheit und Clara. Kein Zufall, dass die beiden Worte denselben Stamm hatten. Sie hämmerten in seinem Kopf, Klarheit und Clara, und auf einmal wusste er es und blieb stehen, entsetzt und atemlos und mit weit aufgerissenen Augen.

Er wusste, woher die Kratzer stammten auf seiner Brust und seinen Oberarmen. Er wusste, warum er nur noch in T-Shirt oder Pullover herumlief. Er wusste, warum er nicht mehr im Schlafzimmer im Bett schlief, sondern beharrlich auf dem Sofa im Wohnzimmer. Er wusste, woher das Gefühl der Befreiung und der Leichtigkeit stammte. Er selbst hatte sich von seiner Angst befreit. Er hatte alles Leben aus ihr herausgepresst, hatte gekämpft und gerungen mit ihr, hatte die Kraft gespürt, mit der sie sich wehrte, vernichtet zu werden, hatte sie bezwungen, hatte sie ausgelöscht und wusste, dass sie nie wiederkommen konnte. Nie wieder.

Er ging weiter und dachte, dass sie ihn verstehen würden. Seine Feunde und Bekannten, seine Kollegen. Juristisch betrachtet, hatte er ein Verbrechen begangen, schließlich war er selber Jurist, er wusste über Tötungsdelikte Bescheid. Eine Frau im Bett zu erwürgen und dann im Wattenmeer zu versenken erfüllt sämtliche Tatbestandsmerkmale des Totschlags, und wenn man ein bisschen daran herumargumentierte auch die des Mordes. Er machte sich nichts vor, sie würden auf ihn kommen. Irgendwann würde jemand Claras Leiche finden und dann auch ihren Rucksack, in den er all ihre Habseligkeiten gepackt hatte, ehe er ihn ebenfalls hinaus ins Watt getragen und versenkt hatte. Dann würde recherchiert werden, und Leute wie Joe und Addi und die Wirtin würden sich erinnern, dass er von Paris erzählt hatte, obwohl Addi gar nicht mit Clara in Paris gewesen war, und Addi würde dies auch beweisen können, und man würde denken, er habe auf raffinierte Weise von sich und seinem Verbrechen ablenken wollen … Dabei hatte er wirklich geglaubt, sie sei in Paris! Er erinnerte sich genau, es geglaubt zu haben. Er war überzeugt, sie wäre nach Paris gefahren, hätte er sie nicht getötet. Auf diesen Gedanken würde er seine Verteidigung aufbauen. Er hatte Clara und Addi zuvorkommen müssen. Vielleicht würde der Richter ihn verstehen. Vielleicht war er verheiratet, kannte die Frauen, war ebenfalls schon belogen und betrogen worden. Er würde wissen, wie es sich anfühlt, hintergangen zu werden, würde die Angst kennen, die Tag und Nacht auf der Lauer liegt. Der Richter würde den unerträglichen Druck nachempfinden können, unter dem er hatte leben müssen. Vielleicht würde Addi zur Verhandlung vorgeladen. Wenn der Richter Addi sähe, würde ihm alles klar sein. Hätte der Richter seine Frau gern mit Addi in Paris gesehen?

Ein Schuldvorwurf an ihn blieb natürlich bestehen. Den musste er sich gefallen lassen, ohne ihn entkräften zu können. Er hätte mit Clara nicht auf diese Insel fahren sollen! Das würde der Richter zu Recht anmerken. Er hätte die Gefahr, die hier lauert, erkennen und ihr von vornherein ausweichen müssen. Das stimmte, und daher würde er diesen Vorwurf auch hinnehmen, ohne sich herauszureden. Niemand hatte je von ihm behaupten können, dass er nicht wusste, wann er Fehler machte, und dass er nicht in der Lage wäre, sich zu seinen Fehlern zu bekennen.

Die Insel. Sie war sein Verhängnis geworden. Und Claras Verhängnis. Der dunkle, ausgestorbene Strand, das tiefschwarze Wasser erschienen ihm wie Sinnbilder des düsteren Weges, den er gegangen war, seitdem er zum ersten Mal hier gewesen war.

Wie gut, dass er sich verabschiedet hatte. Er würde nie wieder zurückkehren. Nie wieder.

Brigitte Blobel

Der schönste Platz der Welt

Er hätte zweiter Klasse fahren sollen, dann wäre er diesen Typen entkommen. Er hätte sich mit seinem Erster-Klasse-Ti-
cket einfach in die Holzklasse setzen und sich vom Schaffner
den Differenzbetrag auszahlen lassen sollen, bar auf die Kralle.
Bei der Entfernung Hannover–Sylt hätte das schon was gebracht. Wenigstens einmal Kino und hinterher zwei Bacardi in
der Cuba-Bar. Das wär schlauer gewesen, als neben diesen
Typen in den Polstern zu hängen. Die Silberlocke gegenüber –
typischer Erfolgsmensch mit randloser Brille und einem
Aktenkoffer so groß wie ein Kindersarg, den er auf- und zu-
klappt, um irgendwelche Papiere rauszuholen und wieder zu
verstauen. Manchmal klingelt sein Handy. Dann tut er so, als
ärgere er sich, und blickt mit einem Entschuldigungs-Dackel-
gesicht in die Runde. Er steigt dann über die Beine der anderen
und redet auf dem Gang weiter. Damit wir nicht zuhören.

Jonas will gar nicht wissen, um was es da geht. Im Zwei-
felsfall um Aktien oder Immobilien, Kapital und Kurse. Manchen Leuten kommt der Geruch nach solchen Geschäften
schon aus den Poren.

Die Frau gegenüber zieht ihre Lammfelljacke nicht aus, obwohl sie schon einen hochroten Kopf hat. Wahrscheinlich ist die Jacke neu, oder sie misstraut ihm. Schließlich könnte er das Ding einfach klauen und damit aus dem fahrenden Zug springen, irgendwo zwischen Niebüll und Klanxbüll. Unter dem Lammfell Cashmere. So gehört sich das, wenn man auf die Insel fährt. Das weiß er von seiner Mutter. Wenn sie frustriert ist, geht sie shoppen, bis die Kreditkarte glüht, und dann freuen sich die Boutiquenbesitzer rechts und links der Whiskystraße von Kampen. Das machen alle so. Dafür laden die Boutiquenbesitzerinnen die Käuferinnen dann zu rauschenden Festen ein, auf denen sie den Schmuck und das Cashmere ausführen können. Seine Mutter hat Pullis in allen Grau-, Braun- und Beigetönen. Bestimmt würde sie ihm dieses Mal wieder ihre neue Kollektion vorführen. Sie ist erst richtig glücklich über ihre Käufe, wenn er sagt: Prima, Mutter. Steht es mir, wirklich?, fragt sie. Und er sagt: Klar, steht dir klasse. Echt.

Dann küsst sie ihn. Nicht, dass es ihm um einen Kuss ginge. Aus dem Alter ist er raus. Schon lange. Er erinnert sich gar nicht, dass er überhaupt mal drin gewesen ist. Aber mit Fünfzehn ist man draußen. Definitiv.

Der Zug rattert über den Hindenburgdamm. «Endlich», seufzt die Frau im Lammfellmantel, «endlich wieder Luft und Licht.»

Er schaut nicht raus. Er kennt hier jeden Poller, jedes Siel, so wie er auf der Strecke Heide–Husum jeden Apfelbaum kennt und jede Scheune. Manchmal hat er das Gefühl, dass die Kühe, die dem Zug entgegenglotzen, alte Bekannte sind. Schafe reagieren nie, Schafe sind doof. Sie stecken ihre Mäuler immerzu ins Gras, mitten in den großen Fresstopf. Im Frühjahr springen die Lämmer um ihre Mütter herum. Da ist wenigstens ein bisschen Action. So lange, bis die Lämmer als Keulen und Filets und Koteletts vom Salzwiesenlamm in den Küchen der Sylter Restaurants landen. Eine Spezialität. Zart und aromatisch das Fleisch, sagt sein Vater. Gibt nichts Besseres zwischen Irland und Istanbul. Sein Vater ist ein Feinschmecker. Er leidet darunter, dass Jonas nicht seine feine Zunge geerbt hat. Jonas ernährt sich vorwiegend von Fastfood, all dem ungesunden Zeug, Pommes und so. Sie passen nicht zusammen, er und seine Familie, das ist ihm schon lange klar. Er fragt sich manchmal, ob seine Eltern das auch so sehen. Wahrscheinlich.

Als sie über den Damm fahren, ist gerade Ebbe. Die Reusen ragen aus dem Schlick, in das die Wellen ein Relief geprägt haben. Im Sommer gibt es da jede Menge Vögel. Jetzt staksen nur ein paar Strandläufer und Möwen hilflos durch den Schlick und verrenken sich die Hälse nach ihren Kumpels, die über ihnen hinweg nach Süden ziehen. Jungs, beeilt euch, denkt Jonas, bald ist es zu spät für den Trip.

Er hat nichts gegen Vögel, sie sind ihm von allen Tieren die liebsten. Er hört gern das Schreien der Möwen, morgens, wenn er in seinem Zimmer aufwacht. Einmal ist ein Schwarm von Graugänsen direkt über ihrem Haus in Richtung Norden gezogen. Wie an einer Schnur flogen sie mit kräftigen Flügelschlägen dahin, und die Luft war ein Rauschen, unterbrochen vom Schnattern der Tiere, die sich Geschichten erzählten, um nicht einzuschlafen während der Reise und einfach aus dem Himmel zu stürzen.

Die Frau stolpert über seine ausgestreckten Boots zum Fenster, zieht es auf und hält ihren Kopf in den Fahrtwind. «Ah», ruft sie, «diese prickelnde Luft. Wie Champagner.»

Genau das sagt seine Mutter auch immer. Wie Champagner ist die Luft auf der Insel. Seiner Mutter reicht das allerdings nicht. Sie braucht auch noch den richtigen Champagner. Und zwar täglich. Ein Anlass findet sich immer. Für den Kreislauf brauche ich das, mein Schnuppel, sagt sie zu Jonas. Sie nennt ihn Schnuppel, so lange er denken kann.

Als sie ihn auf das Internat geschickt haben, hat er ihnen verboten, ihn in ihren Briefen so zu nennen. Die Briefe wurden manchmal geklaut und dann laut auf Mitternachtpartys vorgelesen. Wenn sie alle im Schlafanzug um den Spaghetti-topf hockten und Bier aus der Flasche tranken. Lieber natürlich als Elternbriefe wurden Liebesbriefe vorgelesen. Von einer Möchte-gern-Freundin, die sich einen Jungen mit reichen Eltern krallen wollte. Einen, der das Taschengeld mit vollen Händen ausgibt. Möglichst schon mit Führerschein. Damit kann er nicht dienen. Er ist erst fünfzehn.

Wehe, ihr nennt mich noch einmal Schnuppel, hat er gedroht. Und seine Mutter ist wochenlang beleidigt gewesen. Wenn du Schnuppel doof und albern findest, haben sie gesagt, dann fragen wir uns natürlich, was du wohl noch alles doof und albern findest. Eine ganze Latte hätte er runterbeten können. Aber Schwamm drüber. Er will keinen Stress, schon gar nicht in den Herbstferien.

Wir haben eine Brandung, hat seine Mutter am Telefon gesagt, wie seit Jahren nicht. Meterhohe Wellen. Das ist ein Brausen in der Nacht.

Das Beste ist, dass man vor den Herbstferien keine Zeugnisse bekommt. Ein Zeugnis verdirbt unweigerlich die Stimmung. Dann ist es sofort vorbei mit dem Familienfrieden. Weil die Eltern keine Ahnung haben, wie Zeugnisse entstehen. Wie Zensuren verteilt werden. Wie super ungerecht das ganze System ist, und weil er keine Lust hat, es ihnen zu erklären.

Am ersten Abend fragen sie meist nicht, da halten sie sich zurück. Da spielen sie: «Wir sind wieder eine glückliche Familie.»

Da ist immer alles easy. Die Mutter gerührt, dass sie ihren «Großen» wiederhat, der Vater voller Stolz, weil Jonas Muckis angesetzt hat und im Hockey der Beste seines Jahrgangs ist. Aber die Sache lässt sich nicht aufhalten. In den letzten Ferien kam nach dem Frühstück, am anderen Morgen, die Stunde der Wahrheit. Er musste das Zeugnis präsentieren, und seine Eltern verließen die weiße Gartenbank, auf der sie beim Frühstück zu sitzen pflegen, den Rücken an der Hauswand und vor sich den Wall aus Heckenrosen. Draußen war es hell, fast grell. In dem kleinen Friesenhaus herrschte offenbar das richtige Licht, um des Sohnes Zeugnis zu lesen. Er wartete, den Rücken der Sonne zugekehrt, die Brust eingefallen, die Hände die Kaffeetasse umklammernd, er zwang sich, ganz entspannt zu bleiben, sich nicht aufzuregen, keine Reaktion zu zeigen, was auch kommen würde. Alles ginge einmal vorbei. Auch dieser Augenblick.

Da brüllte sein Vater auf. Wie ein Tier, das man getroffen hat. «Das kann nicht wahr sein!»

Seine Mutter kreischte.

Er presste die Finger um die Kaffeetasse. Er schaute einer Möwe nach. Wunderbar, wie sie sich in den schwingenden Wind hängte. An dem Fahnenmast flatterte die Hamburger Fahne, wie immer, wenn die Eltern in ihrem Haus waren. Sie wurde als Erstes gehisst, kaum dass der Vater Bertram mit der Limousine nach Hamburg zurückgeschickt hatte. Bertram ist der Chauffeur, und die Limousine der Dienstwagen. Hier auf der Insel kreuzen sie mit einem Toyota-Jeep herum. Metallic-schwarz. Das ist schick. Immerzu kurven sie auf diesen paar Quadratkilometern zwischen dem Roten Kliff und Keitum, der Sansibar und der Vogelkoje hin und her. Und hoffen, dass man sie dabei sieht, ihnen zuwinkt, oder sie wenigstens bewundert.

Jonas nahm immer das alte Fahrrad, wenn er ans Meer fuhr. Schwarzes, holländisches Modell, ein bisschen zurechtgebogen der Lenker, die Handbremse links funktionierte nicht, der Gepäckträger aber war neu. Auf den klemmte er Badetuch, Bücher, das Tabakpäckchen und was sonst nötig war für einen schönen, entspannten Tag am Meer. Er radelte vom Haus seiner Eltern bis zur Buhne 16, bei Gegenwind eine halbe Stunde, mit dem Wind war es fast wie Fliegen. Manchmal war er schneller als die Möwen. Die Autos, die an ihm vorbeifuhren und zwanzig Liter auf hundert Kilometer verbrauchten, nötigten ihm nicht einmal ein herablassendes Lächeln ab. Er nahm sie einfach nicht zur Kenntnis. Er hatte es im Nicht-zur-Kenntnis-Nehmen im Laufe seines Lebens zur Meisterschaft gebracht.

Aber als seine Eltern aus dem Haus stürmten, das Zeugnis in der Hand, und es vor ihm auf den Frühstückstisch knallten, musste er sie zur Kenntnis nehmen. Er musste aufblicken, von schräg unten links nach schräg oben rechts, und blinzeln.

Sein Vater holte tief Luft. Er wollte nicht laut werden, das sah man ihm an. Er wollte sich so diplomatisch verhalten wie in der Firma, wenn er einen Mitarbeiter zusammenstauchte. Leise, mit perfider Ironie, mit falscher Freundlichkeit, die wehtut.

Er holte also tief Luft und sagte: «Ich verstehe es nicht.» Er atmete aus, er begann jede Ansprache an seinen Sohn mit diesem Satz: «Ich verstehe es nicht.»

Jonas lächelte tapfer. «Ich auch nicht», sagte er. «Eigentlich hätte es viel besser aussehen müssen, aber diese Ärsche rechnen ja nie das mündliche Engagement. Mann, ich hab eine Sehnenscheidenentzündung vom vielen Melden. Aber die nehmen mich nur dran, wenn sie sicher sind, dass ich etwas nicht weiß. Das sind Schweine. Die wollen einen fertig machen.»

«Du hast einen Namen zu verteidigen!», brüllte sein Vater.

Und seine Mutter, im neuen Cashmerepulli, setzte sich wieder auf die Bank und flüsterte: «Merkst du nicht, was du deinem Vater damit antust?»

Er dachte, dass er nur sich selber etwas antäte, wenn er schlechte Zeugnisse erhielt. Aber seine Eltern sahen das offenbar anders.

Draußen die Salzwiesen. Im Frühjahr springen die Lämmer zwischen den Mutterschafen auf den Deichen herum. Jetzt im Herbst suchen die Krähen nach etwas Essbarem, wechseln zwischen Watt und Meerseite. Vögel, deren Namen er nicht kennt, staksen durch den Schlick. Sie haben wieder neue Windräder gebaut. Eine Phalanx.

Er muss plötzlich an Don Quichotte denken. Im Spanischunterricht lesen sie gerade Don Quichotte.

Der Zug hält in Keitum, es kommt Unruhe in den Waggon. Leute laufen über den Bahnsteig. Menschen umarmen sich. Die, die warten, haben gesunde, frische Gesichter. Die ihnen in die Arme fallen, sind blass, aber freudig erregt.

Wer nach Sylt fährt, erwartet etwas. Etwas, das besser ist als das andere Leben, das er zurückgelassen hat. Jonas kennt die Gesichter der Reisenden und wie sich ihre Mienen verändern, sobald die Schienen wieder breiteren Boden unter sich haben. Sylter Erde. Wie sie durchatmen, die Brust sich weitet, wie sie die Ärmel bis zum Ellenbogen zurückstreifen, die Klatsch- und Modeblätter fallen lassen und seufzen: Ach ja.

Er schaut noch immer nicht aus dem Fenster, hier kennt er jedes Friesenhaus, jede Wegkreuzung, jede Tischlerei. Er weiß, was im Frühjahr am Wegesrand blüht und wie im Sommer das frisch gemähte Gras getrocknet wird. Wie Familien durch die grünen Ebenen radeln, mit fröhlichen Wimpeln an den Lenkstangen. Wie die Schlangen sich bilden an der Rampe zur Autoverladung. Er weiß alles.

Müde steht er auf, zerrt seinen Campingsack aus dem Gepäckfach und steigt über die teuren Maßschuhe seiner Mitreisenden hinweg.

Jetzt steht er im Gang. Der Zug bremst langsam ab. Sie fahren nach Westerland ein.

Man drängt hinter ihm, aber vorne geht es nicht weiter. Jemand macht einen Witz. Einer lacht. Jonas verzieht sein Gesicht nicht.

Vor ihm ein Mädchen. So bleich wie er. Einen halben Kopf kleiner. Strähnige Haare, achtlos hinten zusammengebunden, Kapuzenshirt, Ohrstöpsel. Die eine Hand spielt mit der Bedienung des Recorders. Er würde gerne wissen, was sie da hört, so selbstvergessen, so versunken. Er beugt sich ein bisschen vor. Sie wendet den Kopf nicht. Sie blickt nach draußen. Ihr Profil erinnert ihn an einen kleinen Vogel, der noch im Nest hockt. Erschrocken, die großen Augen, die kleine Nase, der halb geöffnete Mund. Warum ist sie auf einmal so erschrocken?

Von hinten drängen die Leute. Er berührt ihre Schulter, unabsichtlich.

Jetzt muss sie ihn doch anschauen.

«Hey», sagt er, «war nicht Absicht. Die drängen von hinten wie bekloppt.»

«Ich weiß», sagt sie, «das machen sie immer. Können nicht schnell genug rauskommen.»

«Genau», sagt er, «die berühmte Sylter Luft.»

«Prickelnd», sagt sie.

«Klar», erwidert er, «wie Champagner.»

«Man kriegt keinen Kater von dieser Luft», sagt sie.

«Nee», sagt er. «Du kannst saufen, bis du umfällst. Aber Kopfschmerzen hast du nicht.»

Jetzt muss sie lachen. Das steht ihr. Die Sommersprossen auf der Nase werden etwas dunkler, die Farbe der Augen heller. Solche Augen können Licht einfangen. Er hat das schon mal gesehen. Aber keine Erklärung.

«Schätze mal», sagt er, «du wohnst hier auch.»

«Ich nicht», sagt sie, «aber meine Eltern. Und du?»

«Die haben mich abgeschoben ins Internat. War ihnen wohl zu stressig, einen Sohn im Haus zu haben, mitten in der Pubertät. Dabei bin ich schon lange draußen.» Er grinst. «Was hörst du gerade?»

«Nichts für Jungen, die nicht mehr in der Pubertät sind», sagt sie und zieht schnell den Reißverschluss ihrer Umhängetasche zu.

Jetzt geht ein Ruck durch die Menge. Die Tür vorne ist aufgesprungen, der Druck von hinten nimmt zu.

«Hey», sagt er noch einmal, «das bin nicht ich, das sind die Leute hinter mir.»

Sie schaut sich um, haarscharf an ihm vorbei, reckt den Hals, schmal und weiß, und blickt kühl auf die Menschen, die erregt und ungeduldig mit ihrem Gepäck zum Ausgang drängen.

«Worauf freuen die sich alle so?», fragt sie.

«Keine Ahnung», sagt er, «so ist es immer.»

«Was erwarten die eigentlich von Sylt?», fragt sie noch einmal, während sie ihre Tasche fester an sich drückt.

«Ich sag doch, ich hab keine Ahnung.»

«Und du?», fragt sie. Er geht jetzt neben ihr.

«Ich? Wieso ich?»

«Was erwartest du?»

Als sie an der Keitumer Kirche vorbeikommen, sieht er das Mädchen wieder. Sie kniet auf dem Fahrradweg. Ein paar Meter weiter hält ein roter, verbeulter Golf. Jemand sitzt am Steuer, aber Jonas kann nicht erkennen, ob das ein Mann ist, eine Frau. Er weiß nicht einmal, ob der rote Golf etwas mit dem Mädchen zu tun hat. Ihre Tasche liegt neben ihr auf dem Boden.

«Halt mal», sagt Jonas zu seinem Vater.

Der Vater bremst. «Früher sagte man bitte.»

«Bitte», sagt Jonas und springt aus dem Auto, als der Toyota noch nicht zum Stehen gekommen ist.

Das Mädchen schaut auf und sieht ihm entgegen. Sie hält etwas in der Hand. Etwas Weißes.

«Tot», sagt sie. «So eine Scheiße.»

Sie steht auf und geht zu dem Grasstreifen. Da legt sie das weiße Ding ab.

«Eine Küstenseeschwalbe», sagt sie. «Scheiße. Die wollte doch nach Südafrika. Und nun ist hier schon Schluss. Bloß weil der Typ nicht bremsen wollte.»

Jonas schaut zu dem roten Golf. Der Mensch am Steuer ist nur eine dunkle Silhouette.

Die Küstenseeschwalbe hat eine schwarze Kappe und einen scharfen, roten Schnabel. Sie gehört zu den phänomenalen Wanderern. Sie legt zwanzigtausend Kilometer zurück, einmal im Frühjahr und dann wieder im Herbst, zu der Zeit, wo er Ferien bekommt und erster Klasse von Hannover nach Sylt fährt.

«Willst du sie hier liegen lassen?», fragt Jonas.

«Was soll ich denn sonst tun, deiner Meinung nach?» Sie schaut zur Kirche, dem klobigen Kirchturm, roter Backstein, hinter Friedhofsmauern.

«Sie beerdigen? Da drüben? Da drehen sich die Promis doch im Grabe um.»

Jonas weiß, dass sein Vater ungeduldig wird. Er hört, wie die Wagentür aufgeht, sein Vater aussteigt und zu ihnen kommt.

«Na», fragt er, «worüber wird verhandelt?»

«Eine Schwalbe», sagt Jonas, «da drüben.»

Der Vater schaut nur einmal kurz hin, dann sagt er: «Junge, tut mir Leid, deine Mutter wartet.»

Das Mädchen erhebt sich. Einen Augenblick sehen Jonas und sie sich an. Wenn man in ihre Augen guckt, sieht man zwanzigtausend Kilometer weit, bis nach Südafrika. Man sieht den Zug der Vögel im Himmel. Man sieht alles, was man sonst nicht sieht.

Dann schaut sie weg und sagt: «Also, bis dann.»

«Können wir dich irgendwo hinbringen?», fragt Jonas' Vater.

«Wir wohnen in Kampen», fügt Jonas hastig hinzu. «Haus Strandhafer.»

Sie zeigt nicht, ob sie ihm zugehört hat. Knöpft ihre Seemannsjacke wieder zu und nimmt ihren Beutel.

Der rote Golf setzt sich in Bewegung. Die Beifahrertür wird von innen aufgestoßen. Sie steigt ein. Und ist im nächsten Augenblick hinter der Biegung verschwunden.

«Sie heißt Maukie», sagt Jonas.

«Eben hast du gesagt, du kennst sie nicht.»

«Ist mir gerade erst wieder eingefallen. Geht's jetzt weiter oder was?»

«Ein Jammer», sagt sein Vater, «wie die Jugend die deutsche Sprache verhunzt.»

Jonas hebt die Schultern. «Jeder verhunzt irgendwas. So ist das nun mal.»

Das Haus mit dem zottigen, tief gezogenen Reetdach steht hinter Kiefern. Die Blätter der Heckenrosen sind golden gefärbt. Die roten Vogelbeeren liegen überall herum. Die Reifen des Toyotas quetschen sie zu Brei. Der Wind pfeift ins Gesicht, als sie aussteigen.

Jonas schultert seinen Campingsack und geht auf das Haus zu. Er schaut nicht hin. Er kennt alles und alles ist wie immer. Das braucht er sich nicht noch einmal anzusehen.

«Die Haustür ist frisch gestrichen», sagt sein Vater, als er aufschließt. «Deine Mutter wollte sie ganz weiß, aber ich hab gesagt, nur über meine Leiche. Friesisch Blau und nichts anderes. Hab ich doch Recht, Sohn.»

«Klar», Jonas geht durch die Tür, ohne hinzusehen.

Seine Mutter kommt die Treppe herunter. Sie breitet die Arme aus.

«Schnuppel», ruft sie, «endlich mal wieder zu Hause.»

Ich wäre öfter da, denkt Jonas, wenn ihr mich nicht ins Internat gesteckt hättet. Aber er sagt es nicht. Er lässt sich von seiner Mutter küssen.

«Geht es dir gut?», fragt sie, ein bisschen besorgt.

«Klar», sagt er, «super. Hier riecht es nach Kuchen.»

«Du hast Glück», sagt seine Mutter. «Dein Wunsch wird erfüllt.»

«Schokoladenkuchen mit Mandelsplittern?», fragt er.

«Sie meint etwas anderes», sagt sein Vater. «Morgen kommt ein Sturmtief, aus Westen.»

Seine Mutter lacht ihn an. «Der blanke Hans. Das magst du doch. Dein Fahrrad steht aufgepumpt und fertig in der Garage. Bedank dich bei deinem Vater.»

«Oh», sagt Jonas, «danke.»

Im Wohnzimmer stehen Champagnergläser auf einem Holztablett. Jonas zählt. Zwölf Gläser.

«Besuch?», fragt er.

«Nur ein paar Freunde, die auch gerade angekommen sind. Die Friedrichs, die Gerbers, das Übliche.»

«Kleiner Umtrunk», sagt sein Vater. «Danach gehen wir alle zu Manne Pahl. Du bist natürlich herzlich eingeladen.»

«Danke», sagt Jonas, «prima. Aber ich weiß noch nicht.»

Er denkt, sie hätten auch einmal zu Hause bleiben können. Mit mir reden. Fragen, was so los ist. Wie es mir geht. Worüber ich mir gerade ein paar Gedanken mache. Aber vielleicht erwarten sie ja nicht, dass ich mir Gedanken mache. Vielleicht wollen sie gar nicht mit mir reden. Aus Angst, es könne etwas nach oben kommen. Etwas von dem Unausgesprochenen, das es immer gibt zwischen Eltern und Kindern.

Sie essen den Kuchen. Er erzählt von der Schule, dem Theaterstück, das sie proben.

«Was spielst du?», fragt seine Mutter.

Jonas grinst. «Einen Bösen.»

«Ausgerechnet du», sagt die Mutter.

«Wieso nicht?»

«Weil du doch so sanft bist», sagt sie.

Er weiß nicht, ob sie das ernst meint, er fragt auch nicht.

Seine Mutter geht nach oben, um sich umzuziehen für die Gäste. Der Vater tritt mit ihm in den kleinen Garten. Es riecht nach Herbst. Nassem Laub und Watt. Seetang und Muscheln. Er mag das. Er atmet tief und schließt die Augen.

Was sie jetzt wohl macht. Wo sie jetzt wohl steht. Auch bei

ihren Eltern? Auch in einem Haus mit friesischen Kacheln in der Küche und blauweiß gemustertem Sofa?

Er denkt an das kleine Vogelgesicht. Sah aus, als ob sie vor etwas Angst hätte. Nicht vor etwas Speziellem, mehr vor dem Leben. Die Maukie. Komischer Name.

Sein Vater kaut am Ende einer Zigarre herum, spuckt die Tabakkrümel aus. Im Westen ist der Himmel noch hell, hinter schwarzen Wolkentürmen, und ein bisschen rosa und lila, gemischt mit Gelb. Ein bengalischer Himmel, hinter den Wolken, über den Wolken, weit draußen, auf dem Meer.

Er hat auf einmal Sehnsucht, an den Strand zu fahren. Aber in einer Stunde ist es pechschwarz. Dann sieht man das Meer nur, wenn der Mond da ist. Und wenn es schäumt, das Meer, weiße Gischt in der Schwärze. Ohne Mond sieht man nicht einmal das. Strauchelt durchs Dünengras, schneidet sich die Beine auf. Findet nicht zurück zur Straße. Besser, er hebt sich den ersten Besuch am Meer für den Tag auf.

«Gut, dass du da bist, Sohn», sagt sein Vater. Es ist Wärme in seiner Stimme. Jonas zuckt zusammen. Wie immer, wenn in der Stimme seines Vaters diese Wärme ist.

Jonas räuspert sich. «Warum?», flüstert er.

«Weil deine Mutter sich freut», sagt der Vater. «Weißt du das nicht?»

Jonas hebt die Schultern. Er fixiert dieses Loch zwischen zwei Wolkentürmen, in das man hineinsehen kann wie in die Unendlichkeit. Ein heller Tunnel, der nach nirgendwo führt.

«Freust du dich nicht?», fragt sein Vater.

«Doch», sagt Jonas, «klar.»

«Man merkt es dir aber nicht an», sagt sein Vater. «Man

86

merkt dir nie etwas an. Mutter sagt, das hast du von mir. Aber das kann ich mir nicht vorstellen.» Er lacht in sich hinein. Ein warmes, zärtliches Lachen. Er zündet die Zigarre an und pafft Wölkchen in die klare Luft.

Auf einmal riecht alles anders. Jonas muss an die Cuba-Bar denken, in der sie jetzt abends immer einen trinken, seine Freunde und er. Und die Musik, die sie da spielen. In Kuba machen alte Männer Musik. Und was für eine. Er würde gerne mal nach Kuba fahren, oder irgendwohin. Nicht immer nach Sylt. In jeden Ferien.

Weihnachten, Ostern war er hier. Und im Sommer. Und jetzt wieder.

Und jedes Mal, wenn er zurückgekommen ist ins Internat, haben sie gefragt, na, wie war's? Und er hat gesagt: so lala. Und dann haben die anderen von ihren Reisen erzählt. Von den Niagara-Fällen, dem Robinson-Club in Tunesien, von Elefanten in Südafrika, dem Jugendcamp in Bosnien. Überall war es spannender gewesen. Alle hatten etwas zu erzählen, nur er nicht. Er hatte diese reichen Hamburger Eltern, die immer in ihr Haus fuhren, das Millionen wert war. Ein kleines Haus, geduckt hinter Heckenrosen, zwischen Birkenstämmen, reetgedeckt. Achtzehntes Jahrhundert. Ostern der ganze Garten voller Narzissen. Im Sommer Terracottatöpfe mit Margeriten neben der Haustür. Im Herbst Körbe mit roten Äpfeln auf der Gartenbank. Wie diese Fotos in den teuren Büchern, die überall im Wohnzimmer herumliegen.

Gegen acht Uhr klingeln die ersten Gäste, er gibt ihnen die Hand, macht einen höflichen Diener und verschwindet in seinem Zimmer. Sorgfältig zieht er die Tür hinter sich zu, aber nicht so laut, dass seine Mutter es als Affront empfinden könnte. Er will ihr nicht wehtun. Er will auch seinem Vater nicht wehtun. Niemandem. Aber mit ihnen gehen will er auch nicht.

Er ist hier genauso einsam wie überall. Er hat mit ihnen nichts zu tun, nicht mit seinen Eltern, nicht mit ihren Freunden. Er gehört nicht zu ihrem Leben. Genau genommen gehört er nirgendwohin.

Als er sich ins Bett legt und die Lampe ausknipst, hört er die Flut, das Rauschen, den Donner, mit dem die Wellen ans Ufer brechen. Den Wind, der sich im Reet verfängt und an den Bäumen zerrt.

Er denkt an meterhohe Wellen. An eine kleine, weiße Schwalbe mit schwarzer Kappe und rotem Schnabel, die das alles aushalten könnte. Den Sturm, der Sträucher entwurzelt und Masten umknickt wie Streichhölzer. Da würde die kleine Schwalbe ihre Flügel ausbreiten und mit den Winden aufsteigen. Hundert, tausend Meter und dahingleiten, über dem Sturm. Sie hielte das aus, auch wenn der Wind mit einer Geschwindigkeit von 120 Stundenkilometern blasen würde. Und hier unten ein Chaos anrichtete. Sie schwebt über den Dingen.

Ach, denkt Jonas vor dem Einschlafen, schön.

Der Himmel ist voller Wolkentürme, die vom Meer heran-
rasen und sich am Ufer knubbeln und drängen, sich gegenseitig anschubsen und wegschieben. Ein riesiges Wolkenun-
getüm nach dem anderen drängt heran, peitscht das Wasser
auf, die Wellen bäumen sich und steigen auf, bis sie umkip-
pen und als weißer Schaum über dem Wasser herlaufen,
schneller als die nachfolgenden Wellen, schneller als alles.
Möwen schreien und Hunde bellen gegen den Wind an. Die
Menschen tragen Kapuzen und kreuzen die Arme vor der
Brust.

An der Buhne 16 jedoch ist kein Mensch.

Jonas sitzt am Strand, die Beine verkreuzt, das Gesicht dem
Meer zugewendet und zählt den Sekundenabstand zwischen
den Wellen. Wenn eine ans Ufer klatscht, spürt er die Gischt
im Gesicht. Der Sturm peitscht den Schaum wie Stofffetzen
vor sich her ans Land. Alles ist nass. Die letzten Strandkörbe,
der Strandhafer, der Sand.

Oben an der Bude, dem Café Klo, ist alles verrammelt, mit
Holz verschalt. Die Bänke zusammengestellt und verschnürt.
Winterfest ist alles.

Im Sommer haben sie da Würstchen gegessen, wo sich
jetzt die Möwen gegen den Sturm ducken. Eine kleine Mö-
wenkolonie ist da, wo sonst die Urlauber barfuß Schlange
stehen für eine Cola. Grauweiße Möwen, das Gesicht zum
Sturm, genau wie er. Stromlinienförmig, aerodynamisch. So
kann der Wind nicht in ihr Gefieder greifen, er perlt ab wie
das Wasser, wie alles. Ihre blauen Augen sind auf den Horizont gerichtet, stur und endlos.

Jonas steht jetzt an der Balustrade und sieht, wie das Wasser sich Stücke aus dem Sand bricht, eins nach dem anderen. Wie man mit den Zähnen in ein Stück Kuchen beißt, bis es weg ist. Jonas überlegt sich, wie es wäre, wenn die Insel auf einmal ganz verschwände. Nicht mehr auf der Landkarte existierte. Nur noch auf den alten, aus dem letzten Jahrtausend. Aber auf den neuen nicht. Wenn gar nichts mehr wäre, nicht mehr das Haus, in dem er mit seinen Eltern die Ferien verbringt. Nicht der Strand, die Straßen, der Kirchturm von Keitum. Ein guter Film wäre das, denkt er, unheimlich viel Action. Da taucht sie plötzlich neben ihm auf, und er hat sie nicht gesehen und nicht gehört.

Bei dem Sturm kein Wunder. Die Augen verklebt von Wasser und Salz, in den Ohren das Rauschen, da sieht und hört man nichts.

Sie sagt: «Ich wusste es.»

«Was?», fragt er.

«Dass du hier bist.»

«Und wieso wusstest du das?»

Sie schaut sich um, atmet tief durch, schiebt die Haare aus dem Gesicht, aber sie sind sofort wieder da, kleben an ihren Lippen, hängen sich über die Augen. Immer wieder. Sie schiebt die Haare zurück, in der nächsten Sekunde sind sie wieder wie ein Vorhang vor diesem kleinen Vogelgesicht. Heute ist es nicht so weiß wie gestern. Die Sommersprossen auf der Nase leuchten. Die Wangen sind gerötet. Und sie lächelt. Er hat nicht geglaubt, dass dieses kleine Vogelgesicht lächeln kann. Das ist wie ein Wunder.

«Ich hab keine Ahnung, wie du mich gefunden hast», sagt er, «aber ich finde es trotzdem schön.»

Sie schiebt ihre Hand in seine. Er ist so erschrocken, dass er sie im ersten Augenblick wegziehen will. Ihre Hand ist heiß. Seine eiskalt. Er weiß nicht, wieso, aber er hat immer eiskalte Hände.

«Du bist hier», sagt sie, «weil dies der schönste Platz der Welt ist.»

Er schaut sie an. «Das ist nicht dein Ernst.»

«Doch», sagt sie, «guck dich doch um.»

Er wendet den Kopf, dann schaut er wieder nach Westen. Der Wind nimmt ihm fast den Atem. Eine unendliche Linie, an der Wasser und Sand aufeinander treffen. Weiter weg der Horizont. Das Meer dunkelgrau, fast schwarz, der Himmel von einem Grau, das leuchtet wie Neon. Mit winzigen Löchern zwischen den Wolken. Da ist es blau, wie ein Aquarium, mit gelben Rändern. An den Rändern sind die Wolken dünner und lassen das Licht hindurch. Manchmal fällt ein Strahl aufs Meer, da muss er an die Maler der Romantik denken, die haben diese Sonnenstrahlen gemalt wie Fingerzeige Gottes.

Er schaut zum Kiosk. Die Möwen trippeln nach vorn, bis an die Brüstung der Holzterrasse. Alle gemeinsam, wie auf einen unhörbaren Befehl. Sie beginnen zu schreien und schlagen mit den Flügeln. Er hat keine Ahnung, was das auf einmal bedeuten soll.

Im Osten ist der Himmel heller. Von einem anderen Blau. Wolkenberge aus weißem Schaum und wilder Kraft. Dort werden die Krabben durch den Sand eilen, um irgendwo Schutz zu suchen. Der Hafer biegt sich im Wind. Die Wellen werden sanfter sein. Mehr ist nicht.

Hier ist das Rauschen des Windes. Das Donnern der Wellen an den Strand. Mehr nicht. Kein Mensch sonst, nicht einmal ein Hund. Keine Stimme, kein Lachen. Nichts. Die Möwen starten gegen den Wind, steil aufwärts, taumeln, als spielten sie fallende Blätter, tauchen in die Welle und steigen wieder auf mit trockenem Gefieder.

«Verstehst du?», sagt sie neben ihm, Maukie mit dem Vogelgesicht.

Er wendet sich ihr zu. «Ich weiß nicht», sagt er.

«Der schönste Platz der Welt», sagt sie. «Ich weiß es.»

«Woher?», fragt Jonas.

Sie lächelt. Ihre Augen schauen zwanzigtausend Kilometer weit über das Meer.

«Die Schwalbe hat es mir erzählt», sagt sie. «Du weißt doch, die Schwalbe, die ich gestern gefunden hab. Sie hat es mir erzählt, bevor sie starb. Sie ist überall gewesen, hat sie gesagt, aber am liebsten hier. Genau an dieser Stelle. Das, hat sie gesagt, ist der schönste Platz der Welt.»

Sie blicken aufs Meer. Von Westen her wird es immer heller. Am Horizont liegt goldenes Licht auf dem Wasser.

«Und weißt du was», sagt Jonas, «ich glaub, die Schwalbe hat Recht.»

Norbert Klugmann

Das Glück zwischen den Jahren

1

Der Bahnhof sah aus, als sei von ihm schon lange kein Zug mehr abgefahren. Kein Fahrgast vertrat sich in der nebligen Luft die frierenden Füße. Kein Uniformierter war zu sehen, überhaupt keine Bewegung. Sein erster Gedanke war: Hier kann es nicht sein, du hast etwas missverstanden. Es war still. Kein Auto, keine Maschine, kein Kindergeschrei. Dabei war heute der Tag, dem die Kinder entgegenfieberten. Er fischte den Brief aus seiner Jacke. «Lassen Sie sich nicht irritieren, es ist alles richtig. Ich versuche, pünktlich zu sein.»

Wie sollte man sich hier finden? Man konnte fünf Meter nebeneinander stehen und würde den anderen vor lauter Nebel nicht bemerken. Er begann, auf- und abzugehen. Da, die Uhr. Sie funktionierte sogar, es gab also Hoffnung. Dann das Gebäude, das mickrige Licht drinnen. Er ging hinein, der geflieste Boden war mit einem feuchten Film überzogen. Hinter ihm ein Geräusch, er fuhr herum, nichts.

Er kehrte auf den Bahnsteig zurück. Plötzlich war etwas in

der Luft, eine Art Bewegung. Der Zug näherte sich nicht, er war gleich da. Der mächtige Leib der Lokomotive glitt in den Bahnhof, dahinter nur zwei Wagen. Dann war da der Schemen, das Fenster, das Winken.

«Hierher!», rief sie. Er dachte: Ein selten bescheuerter Job. Dann machte er sich auf den Weg.

Sie war älter, als er gehofft hatte. Sie sah aus, als hätte sie in letzter Zeit abgenommen. Sie hatte sich zurechtgemacht. Aber die Falten waren tiefer, als Make-up sie vertuschen kann. Er dachte: In der Not frisst der Teufel Fliegen. Sie sagte: «Wie schön, dass wir uns nicht verpasst haben. Wenn der Anfang klappt, klappt alles andere auch.» Sie fragte ihn, ob er gut nach Klanxbüll gekommen sei. Er sagte: «Als der Mann, den ich nach dem Weg fragte, dänisch redete, wusste ich, dass ich zu weit nach Norden geraten war.»

Sie kapierte den Witz nicht gleich und lachte dann übertrieben und zu lange. Übergangslos sagte sie: «Sie sehen besser aus, als ich gedacht habe.»

In einer Geste, die Überraschung und Eitelkeit ausdrückte, fuhr er sich über die Haare und sagte: «Man tut, was man kann.»

«Sie müssen nichts tun. Sie sind noch jung.»

Der Gestank im Zug brachte ihn fast um. Überheizt, verschwitzt, muffig. Und menschenleer. Sie waren die einzigen Fahrgäste.

«Ist das ein offizieller Zug?»

Als er ihr verdutztes Gesicht sah, genierte er sich für die Frage. Sie sagte: «Es ist der 24. Dezember.»

Er sah das Wasser und den Mond, kaltes Licht aus Weiß und Schwarz, Stahlblau, Anthrazit und Tupfern von Gelb. Auf dem Damm war es klar, kein Nebel mehr.

Plötzlich ergriff sie mit beiden Händen seinen Arm, blickte hinaus und sagte: «Ich darf Sie doch Kurt nennen?»

«Wer bezahlt, bestimmt.»

Sie blickte ihn an, erstaunt, enttäuscht.

Um zu retten, was zu retten war, sagte er: «Sie bestimmen die Spielregeln.»

Sie schmiegte sich mit der Wange an seinen Arm und sagte: «Sie nennen mich Marielle.»

Und der Mond war kalt und unnahbar.

Sie mussten zwanzig Minuten auf das Taxi warten. Der Fahrer sagte kein Wort der Entschuldigung. An der Frontscheibe leuchtete ein Plastikbaum in falschen Farben.

Sie verließen das Stadtzentrum nach Norden. Kurt atmete auf. Bloß nicht Hörnum, nicht für Geld und gute Worte.

Es wurde auch nicht Wenningstedt, Kurts Laune verbesserte sich immer mehr. Dann Kampen. Der Fahrer sagte: «Alle in ihren Burgen, die Geldsäcke.»

Die Frau sagte: «Sie leben von denen.»

«Schon richtig, Madame. Aber sie bezahlen mich dafür, dass ich sie fahre. Nicht dafür, dass ich sie liebe.»

Die Dünen lagen hell im Mondlicht. Kurt dachte: Adieu, Kampen. Man kann nicht alles haben. Er stellte sich auf List ein, aber das Taxi bog vorher rechts ab. Er dachte: Bloß nichts Naturbelassenes. Es hatte da mal eine Buchhändlerin gegeben, die, kaum dass die Silhouette der Stadt im Rückspiegel verschwunden war, zwanghaft das Naturkind herausgekehrt hatte. Gummistiefel, Regenkleidung, Abhärtung, einfaches Leben, kein Zimmer teurer als fünfzig Mark. Er hatte sich schrecklich erkältet.

Die Hausreihe, vor der sie hielten, entsprach dem, was er erwartet hatte. Mittelklasse. Reihenhäuser in den Dünen. Die Frau bezahlte den Fahrer, Kurt gab dem Flegel die Chance, die Tasche aus dem Kofferraum zu heben, und quälte sich dann selbst mit dem Öffnungsmechanismus herum, den er nicht auf Anhieb fand. Er brach sich einen Fingernagel ab und hätte dem dickfelligen Arschloch und seinem lachhaften Weihnachtsbaum gern etwas angetan.

Er packte seine Tasche, die Frau sagte: «Hier.»

Er drehte sich um und nahm zum ersten Mal das Haus wahr. Ein Trumm im Schutz von Dünen, Backstein, Größe, friesisch, herb.

Beim Rundgang blieb sie an seiner Seite und wusste zu jedem Gegenstand eine Geschichte. Die Einrichtung war außergewöhnlich schön. Hier hatte keine Zahnarztwitwe aus Essen-Werden ihren Traum aus gehämmertem Kupfer verwirklicht. Keine Orgie in hellen Hölzern, keine Ledergarnitur, so kalt, dass man die riesigen Elemente am liebsten auf die Heizung hätte legen wollen, bevor man Platz nahm. Einfach gemütlich. Er brauchte eine angenehme Möblierung. Bauhaus und Designerstücke waren nicht seine Welt.

Natürlich fragte er sie nach dem Weihnachtsbaum. Ob der zur Standardausstattung gehörte. Sie lächelte nur. Überhaupt wirkte das Haus seltsam bewohnt. Nicht nur eingerichtet,

sondern bewohnt. Er fragte geradeheraus, ob sie die Eigentü-
merin sei. Sie lächelte. Er stand am Fenster und betrachtete
den Mond.

Als er sich mit dem Gedanken abgefunden hatte, einen
Abend mit Nahrung aus der Dose vor sich zu haben, hörte er
hinter sich verheißungsvolle Geräusche. Der Kühlschrank
war wohl gefüllt, die Platten waren vom Feinsten. Wein,
Champagner, Aquavit, es fehlte an nichts. Sie bat ihn, die Kerzen am Baum zu entzünden. Er spürte, wie angespannt sie
war. Als er sich umdrehte, brannten auch Kerzen auf dem
Tisch. Sie verschwand, er dachte: Jetzt heult sie. Ihm war
Weihnachten gleichgültig wie jedes andere christliche Fest.
Er wusste, wie rührselig manche Menschen waren. Das war
lästig, aber wer rührselig war, wurde früher oder später an-
lehnungsbedürftig. Dann würde seine Stunde schlagen. Wie
oft hatte er an Feiertagen die Feuerwehr gespielt. Irgendwer
blieb immer übrig und bedurfte des Trostes.

Dann stand sie in der Tür. Er stieß einen Pfiff aus. Dunkel-
grüner Satin, ziemlich eng anliegend. Plötzlich hatte sie einen
Körper. Die Haare hoch gesteckt, das tat ihrem Gesicht gut.
Die Beine waren etwas schwer, aber akzeptabel. Die Haut,
von der sie nun viel zeigte, war erfreulich straff. So konnte
das weitergehen.

Er eilte hinauf und zog sich auch um. Das Shirt und den
weiten Pullover darüber. Er wusste, dass er eine erstklassige
Wahl getroffen hatte. Der Pullover betonte die Farbe seiner
Haut, der tiefe Ausschnitt gab den Blick auf das Spiel seiner
Halssehnen frei. Auf die Sehnen fuhren fast alle ab.

Sie saßen am Tisch. Er öffnete den Champagner, das zarte Klingen, die aufsteigenden Perlenketten, sie sagte: «Auf unsere Tage. Wir lassen sie von niemand zerstören.»

Mit jedem Glas wurden ihre Gesten lebhafter, ihre Stimme lauter und fester, ohne penetrant zu wirken. Sie saßen am Tisch zu weit auseinander, um sich berühren zu können. Er legte es nicht darauf an, die Frau anzufassen. Aber er wollte sicher sein, dass er es tun könnte.

Plötzlich lag das Päckchen auf dem Tisch. Sie schob es zu ihm hinüber, dumm glotzte er die edle Verpackung an.

«Das geht nicht», sagte er.

«Machen Sie es auf.»

«Das war nicht abgemacht.»

«Ich bitte Sie.»

«Ich kann das unmöglich annehmen. Ich bin kein ...» Natürlich öffnete er das Päckchen doch, scheiterte am Knoten und nahm das Messer.

Eine Armbanduhr. Made in Glashütte. Er kannte die Preislage. Das erleichterte es ihm, die Uhr zurückzuweisen.

Sie sagte: «Seien Sie nicht dumm.»

«Es geht nicht. Ich werde darüber nicht diskutieren.»

«Dann sollten wir an dieser Stelle abbrechen. Es war abgemacht, dass wir eine Woche in Harmonie leben.»

«Aber so eine Uhr ... wie sieht das denn aus?» Aber er dachte: Halt die Schnauze, du Vollidiot, und steck den Wecker ein.

Sie wies in die Runde und sagte: «Finden Sie das nicht schön? Hassen Sie Weihnachten?»

«Nein, nein. Ich ...»

«Stoße ich Sie ab?»

«Ich bitte Sie! Davon kann doch keine Rede ...»

«Zahle ich zu wenig?»

Es wurde immer peinlicher. Er rettete sich ans Fenster. Der Mond tünchte die gegenüberliegenden Häuser mit seiner Eisfarbe. Nirgendwo Licht, alles Ferienwohnungen. Wo sollte er hin? Am einsamsten Tag des Jahres? So hatte er sich die Insel nicht vorgestellt. Er war auf getragenes Remmidemmi eingestellt gewesen, wenigstens ab 22 Uhr. Stattdessen eisige Taiga.

Sie stand neben ihm und reichte ihm sein Glas. «Werden Sie locker. Sie sind der Richtige. Ich will es mit Ihnen.»

Er wusste, dass sie ein Spiel spielte. Aber solange sie ihn nicht teeren und federn würde ... Die Uhr anzunehmen war mit Sicherheit weniger schlimm, als sich sieben Tage lang Kurt nennen zu lassen.

Sie sorgte für Musik. Barock. Er sagte «Bach», aber es war nicht Bach. Er sollte ein zweites Mal raten, aber er kannte keinen zweiten Namen.

Sie zog ihn auf das Sofa. Unwillkürlich streckte er sich, letzte Lockerung vor der ersten Verlockung. Aber er musste nur neben ihr sitzen und ihr dabei zusehen, wie sie auf die Musik hörte und den Baum anschaute. Die Tanne war zurückhaltend geschmückt, nur einige Figuren aus Stroh.

Sie hatte die Beine unter den Körper geschlagen, die Haare begannen sich zu lösen, sie wickelte die Strähnen um einen Finger, mit der anderen Hand hielt sie das Glas.

Dann begann sie zu reden. Es ging um Männer und Frauen, um junge Menschen und ihre Träume von der Zukunft. Es ging darum, wie sich Paare finden, was daran Zufall ist, was Bestimmung und was blinde Leidenschaft. Sie sprach von Paaren, die sich wieder trennen, und von Paaren, die zusammenbleiben. Manche, sagte sie, hätten Glück, manche hätten keins. Und manche hätten nicht genug Zeit, um sich kennen zu lernen. Denn acht Jahre seien nicht genug. Vielleicht hatte er aus Überraschung eine Bewegung gemacht, jedenfalls wiederholte sie, acht Jahre seien nicht genug. Wer anderes behaupte, sei oberflächlich. Denn niemand könne Tag für Tag daran arbeiten, das Glück zu einem Berg aufzuschichten. Er dachte: Was redet die Frau für eine Riesenscheiße?

Dann sagte sie: «Lassen Sie uns ans Wasser gehen.»

Er begann spontan zu frieren. Er war abgehärtet, so war es nicht. Er hatte nichts gegen knackige Kälte. Aber sie musste trocken sein. In den Bergen kam solche Kälte vor, am Wasser selten. Sie mummelte sich ein mit Pullover, Schal und Mantel, sie war besser auf die Insel vorbereitet als er.

Es waren nur wenige Schritte, nicht einmal ein kurzer Spaziergang. Am Watt entlang lief ein befestigter Weg, den Lampen in großen Abständen erhellten. Und der Mond malte nimmermüde der Nacht seine Farben um die Ohren.

«So viel Klarheit», sagte sie, «ist sonst nie. In solchen Nächten habe ich das Gefühl, ich könnte besser sehen.»

Sie hakte sich bei ihm ein, aber nur, um ihn auf allerlei hinzuweisen, was sie entdeckte und was ihr etwas bedeutete: Lichter im Hafen von List; ein Vogel, der gegen die Naturgesetze über den Strand schwebte; Wolken, die sich übereinander schoben. Noch die geringste Beobachtung war ihr eine Bemerkung wert.

Sie gingen einige Schritte nach Norden, es war Ebbe, im geriffelten Schlick schuf das Mondlicht geometrische Kälte.

Am Wendepunkt ihres kleinen Marschs sagte sie plötzlich: «Danke, dass Sie es mir ermöglichen, dies zu erleben.»

2

Der Duft von Kaffee weckte ihn aus geilen Träumen. Er schlug die Bettdecke zurück. Alles war bereitet, sie müsste nur zugreifen. Er war der Letzte, der sich entziehen würde. Kokett kichernd absolvierte er die Morgentoilette und genoss ein festliches Frühstück. Sie kam ihm vor wie eine Pensionsmutter, die sich freut, wenn es ihren Gästen schmeckt. Viele Kollegen aus seiner Zeit als Schauspieler lebten in solchen Verhältnissen. Der Zwang zum ständigen Wechsel der Stadt machte eine eigene Wohnung überflüssig. Das war einer der Gründe, warum er in dem Beruf nicht alt geworden war. Er war gern sesshaft. Er hatte nichts gegen Reisen und Urlaub, aber dreißig oder vierzig Wochen im Jahr lebte man doch in seiner Hauptwohnung. Dann sollte sie auch ein Heim sein, etwas Feines sein. Eine Höhle mit Goldrand.

Morgens sah sie der Frau aus dem Zug wieder ähnlicher. Er dachte: Mitte Vierzig ist Mitte Vierzig, da beißt die Maus keinen Faden ab.

Ihm war klar, dass er sich auf Kultur gefasst machen musste. Auf dem Programm stand Sylt, die Einzigartige. Sie benahm sich, als würde er die Insel nicht kennen. Aber er kannte sie. Er hatte hier zwei Frauen glücklich gemacht.

In der Garage stand ein Lupo. Bonbonfarben und fahrtüchtig. Sie bewegte den kleinen Kerl. Auto an Auto auf der Hauptstraße. Am ersten Feiertag wurde die Insel schon voll. In Kampen lotste sie ihn in einen Laden und nötigte ihn, einen Pullover auszusuchen, den sie bezahlte. «Was nutzt mir der schönste Mann auf Erden, wenn er mit roter Schnupfennase im Bett liegt?», fragte sie die Verkäuferin. Die hatte Hunderte solcher Paare erlebt und passte sich fugenlos deren Aura an.

Strand, Glühwein, Schaufensterbummel, Keitum, Schaufensterbummel, Kaffee ohne Kuchen, Rückfahrt.

Sie legte sich wohl gleich schlafen, jedenfalls hörte und sah er nichts mehr von ihr. Nun begann das Grübeln. Es war möglich, dass sie schlief, weiter nichts. Es war möglich, dass sie auf ihn wartete. Aber er hatte zu wenige Signale empfangen, streng genommen noch kein einziges. Bei Marielle handelte es sich offenbar um eine Sylt-Enthusiastin. Er kannte solche Menschen, sie waren dem Eiland verfallen, fieberten jedem Besuch entgegen, als wäre es das erste Mal. Sie kannten alle Ecken und Winkel, und es wurde ihnen nicht langweilig, sie wieder und wieder aufzusuchen. Er dachte: Biete dich an, Kurt. Wenn sie nicht will, ziehst du dich diskret zurück. Wenn sie will, ziehst du dich aus. Oder sie dich. Er hatte sein ideales Kampfgewicht, er fühlte sich frisch und stark. In den letzten vierzehn Tagen hatte er es mit dem Sex nicht übertrieben. Das war wichtig, wenn es darum ging, einen neuen Körper zu erkunden. Immerhin war es möglich, dass sie ihm mit Hemmungen, Kichern, Orangenhaut oder Speckringen die Gier austreiben würde. Dann musste er in der Lage sein, «Augen zu und durch» zu spielen.

Er stand im dritten Schlafzimmer des Obergeschosses, von dem aus man das Wasser sehen konnte. Eine Frau in den Vierzigern mietet für sieben Tage einen jungen Mann, um mit ihm die Feiertage zu begehen. Auf Sylt. So etwas tut man nicht, um miteinander Halma zu spielen. Auch nicht, um Betroffenheitsgespräche zu führen. Darin war er kein Experte. Sein Talent bestand darin, zuzuhören. Er war ein Experte im Erlauern des richtigen Moments. Frauen standen auf einfühlsame Männer. Und da Gott der Herr ihn mit dieser Gabe überreichlich ausgestattet hatte, war er in seinen derzeitigen Brotjob zwangsläufig hineingerutscht. Die ideale Verbindung aus Spaß und Talent und guter Bezahlung. Denn die Auftraggeberinnen ließen sich natürlich nie lumpen. Teils weil es ihnen einen Schein mehr wert war, teils weil sie unsicher waren und Geld ein Balsam zur Betäubung von Angst und Scham ist.

Er legte sich auf sein Bett, öffnete das Fenster und genoss es, als die kalte Luft seine Hautporen küsste. Er stand nicht unter Druck. Heute war der zweite Tag, der erste, den sie in ganzer Länge gemeinsam verlebten. Vielleicht suchte sie ja tatsächlich einen kultivierten Begleiter durch die Feiertage. Den konnte sie haben, er beherrschte mehrere Rollen. Aber am liebsten war ihm die Rolle, bei der er sich richtig einbringen konnte.

Sie ließ ihm den Nachmittag, das rechnete er ihr hoch an. Er hatte Aufträge erlebt, bei denen engstes Zusammensein ihn erst genervt und dann aggressiv gemacht hatte. Er hörte, wie sie im Badezimmer herumgeisterte und dann nach unten ging. Er blieb in seiner Burg, lauschte den Geräuschen auf der

Straße. Jetzt waren die Wohnscheiben auf der anderen Straßenseite belegt. Kinder quengelten, Männer röhrten, als wären sie schon betrunken. Er schaute hinaus. Edles Tuch, sportlich, aber edel. Auf der Insel war viel Geld unterwegs. Und wohl nie so viele Familien wie Weihnachten.

Er hörte sie telefonieren. Das fand er nicht uninteressant. Gespräche mitanhören macht schlau. Flugs vergewisserte er sich, wie leise die Stufen waren. Holz, aber massiv. Die Tür des Wohnraums war geschlossen. Das hielt er für einen unfreundlichen Akt. Sie redete auch furchtbar leise, das ernüchterte ihn. Er lauschte gern, aber er mochte es nicht, sich anstrengen zu müssen «... ganz reizend, wirklich. Nicht zierlich, mehr der Betongießer. – Wie ich es wollte. Aber du weißt ja, manchmal reden sie dir nach dem Mund, nur um an dein Geld zu kommen. – Was? – Ja, da habe ich gar keinen Zweifel. Das kriegen wir hin.» Lachen. «Und wenn nicht, greifen wir in die Trickkiste.» Langes Schweigen. «Er würde mich verstehen, er hat mich immer verstanden – nein, da bin ich ganz sicher.»

Als der Vierklang ertönte, zuckte er zusammen, als habe er einen Schlag erhalten. Ein Mann im flaschengrünen Janker fragte nach der Hausherrin. Er hatte etwas in Geschenkpapier bei sich. Als sie ihm gegenüberstand, schrien sie vor Entzücken, und sie leckten sich ab. Sie tauschten Geschenke aus und wünschten sich ein frohes Fest, Gesundheit natürlich zuerst. Der im grünen Wams, offenbar aus einer Wohnung gegenüber, erinnerte sich an das letzte Fest, als man so besinnlich und gut gelaunt zusammengesessen habe. Marielle bekam eherne Gesichtszüge und sprach von der Zeit, die im

Sturmschritt voraneile und zu selten innehalte, damit auch die Überforderten und außer Puste Geratenen auf den Zug aufspringen könnten. Weihnachten sei so ein Fest, mit dem man sich vom Alltag abkoppeln könne und auf das Wesentliche besinnen. Der Grüne nickte bedeutungsvoll und sagte: «Aber trotz allem gilt: Das Leben muss weitergehen.»

Marielle nickte.

Er sagte: «Das müssen wir in diesem Jahr unbedingt wiederholen.»

Sie verabredeten sich für einen der nächsten Tage. Der Grüne machte einen langen Hals und sagte: «Bringen Sie mit, wen Sie wollen.» Und dann neckisch: «Meinetwegen auch zwei, wenn einer nicht reicht.»

Marielle brach in Gelächter aus. Es klang wie ein Schrei.

Nachmittags schob sie eine Videokassette ein und forderte ihn auf, neben ihr Platz zu nehmen. Er dachte: Aber hallo, jetzt werden wir besinnlich. Ein junges Ding, Romy Schneider ähnlich, wirbelte durch eine Handlung, in der diverse Männer aus diversen Motiven nach ihr schmachteten. Aber ihr Herz hing an einem Studenten, der sich als berechnender Karrierist entpuppte und die Tochter des Chefarztes vor den Altar führte. Daraufhin bildete Romy eine Tuberkulose aus und verbrachte hustend schöne Tage in Davos. Dem Zug entstieg der Karrierist, an seiner Seite die milde Gattin, Chirurgin wie er, gemeinsam schnitten sie Romy auf, um an ihr eine noch nicht dagewesene Operation zu erproben. Am Ende standen Hoffnung und der Beginn einer wunderbaren Freundschaft zu dritt.

Marielle liefen Tränen über die Wange. Mit heißer Hand knetete sie seine Finger und schnaufte: «Es ist so ergreifend.»

Er hatte Schwierigkeiten mit Filmen, in denen keine Rolle für Bruce Willis geeignet war, und äußerte sich indifferent. Sie behauptete: «Die Hoffnung stirbt zuletzt.»

Und er sagte: «Ich gehe regelmäßig zum Arzt. Freiwillig. Ich weiß auch nicht, was das ist. Vielleicht ziehe ich mich nur gern aus.»

Er bot ihr ein Lachen an, sie stieg nicht darauf ein und sprach weiter über den Film. Offenbar erinnerte er sie an das letzte Weihnachtsfest, da war er im Fernsehen gelaufen. Sie sagte: «Das lässt einen nicht los. Wenn das Schicksal so ungerecht ist, bin ich ungern allein.» Er blickte sie verdutzt an, sie sagte: «Beim Fernsehen oder im Kino.»

Er fragte sie geradeheraus, wie oft sie schon auf der Insel gewesen sei. Zweimal bisher. Einmal als junge Frau, sie sagte wirklich «junge Frau», und dann vor einem Jahr. «Aber das erste Mal gilt nicht. Da ging es uns nur um Biertrinken, Baden und Knutschen.»

«Das ist doch nicht zu verachten.»

Sie lächelte und sagte: «Ach, die Jugend. Was weiß die schon?» Und er dachte: Gar nicht so wenig, wie du denkst. Für mich ist das nämlich noch nicht so lange her wie für dich.

Um 20 Uhr 30 saßen sie sich am kerzenbeleuchteten Tisch gegenüber. Um sie herum erwartungsvolle und bereits munter tafelnde Gäste. «Weihnachten auf der Insel», sagte Marielle, «es gibt nichts Schöneres.»

Sie trug heute ein schwarzes Kleid mit einem kleinen Pelzkragen, ebenfalls schwarz. Und dann die Brosche. Sehr groß, korallenrot, ein knalliger Kontrast. Er gab sich sportlicher und machte einen hervorragenden Eindruck. Auf dieser Bühne fühlte er sich wohl, diese Aufführung hatte er oft genug mit Erfolg bestanden.

Das Lokal summte vor Behagen, nichts zu sehen und zu hören von lärmenden Biedermännern, die im Kurzurlaub die Sau rauslassen mussten. Marielle war ganz offensichtlich nicht zum ersten Mal hier oder die Kellner verfügten über die Gabe, jedem Gast das Gefühl zu vermitteln, er sei der Mittelpunkt der Welt. Heute stand roter Wein auf dem Programm, Bordeaux, ein Chateau der Spitzenklasse. Die Speisekarte war kurz und knackig, und Kurt gab sich noch den süßen Mühen der Auswahl hin, als Marielle bereits die Order abgab. Das Gänsemenü, zweimal. Sie sah sein überraschtes Gesicht und sagte: «Du wirst es mögen. Ich verbürge mich dafür.»

Sie lauschte ihren Worten nach und sagte: «Ach was, ich bin die Ältere, ich darf es wagen.» Sie hob ein Glas und sagte: «Ich heiße Marielle.»

Er hieß bekanntlich Kurt.

Er brauchte einige Minuten, um damit fertig zu werden, dass sie für ihn bestellt hatte. Aber das Gefühl, einem fremden Willen zu unterliegen, hielt nicht lange an. Dafür war der Beginn der Speisenfolge zu delikat. Jeder weitere Gang hielt dieses Niveau. Der Gänsebraten, den Kurt als schwere, Magen und Galle überfordernde Kalorienbombe kannte, kam leicht und mit unerwarteten Zutaten auf den Tisch. Nur der Wein war noch besser.

Eine Stunde später fühlte sich Kurt wie im Urlaub. Alles war

Genuss, das Kerzenlicht, die friesische Einrichtung, die von Essen, Wein und Wärme geröteten Gesichter der Gäste, die unaufdringliche Präsenz der Kellner. Es war eine Atmosphäre, in der man nichts falsch machen konnte. Marielle war blendender Laune und sprach dem Wein zu, längst waren sie bei der zweiten Flasche. Ohne Anstrengung perlte das Gespräch dahin, er wartete darauf, dass sie endlich beginnen würde, ihn auszufragen.

Aber Marielle war nicht neugierig. Sie kam nicht einmal in die Nähe von Fragen nach Kurts Alltag und Beruf, nach seinen Erlebnissen, pikanten und bitteren. Anfangs wunderte er sich, dann legte er es darauf an, das Thema anzusprechen. Jedes Mal wich sie geschmeidig aus. Es kamen nur Marielles Themen auf den Tisch, mochte er auch noch so beharrlich versuchen, sich selbst in den Mittelpunkt zu rücken. Irgendwann ließ er es bleiben. Er saß hier nicht, um Anekdoten aus seinem Leben als sexueller Dienstleister zu erzählen. Dies war kein Kegelausflug, deshalb nahm er Marielles Bälle auf, ließ sie auf der Stirn tanzen und bezauberte sie mit leichfüßigem Geplauder.

Der Abend endete in schöner Lethargie. Ihnen war nicht mehr danach, einen Lokalwechsel vorzunehmen. Zwei Cognacs und Kaffee, und dann war schon Mitternacht.

Marielle fuhr, obwohl sie getrunken hatte. Kurt bemühte sich, locker zu bleiben. Er hasste die Passivität, zu der er als Beifahrer gezwungen war. Er spürte die Hand auf seinem Oberschenkel. Als der Wagen in die Garage gerollt war, brauchten sie einige Minuten, bevor sie ausstiegen. An einen Vollzug im kleinen Auto war nicht zu denken, aber sie brachten sich in Hitze.

Er hatte damit gerechnet, dass sich das Folgende nach den traditionellen Regeln abspielen würde: Aufsuchen von Toilette und Badezimmer, womöglich bequemere Kleidung, volle Gläser, Kerzenlicht und passende Musik. Er irrte sich auf der ganzen Linie. Bereits im Flur fiel sie über ihn her. Er dirigierte sie in den Wohnraum, sie saugte und riss an ihm, als sei eine wütende Krankheit zum Ausbruch gekommen. Er bändigte sie mit Körperkraft, hielt sogar ihre Arme fest. Aber der Frau war nicht zu helfen. Kein Gedanke daran, die Sache vorausschauend anzugehen, sich Zeit zu nehmen, sich aufeinander einzustellen. Sie wollte es und sie wollte es sofort. Er gab es ihr, auf dem hochflorigen Teppichboden vor dem Sofa, von dem er, als er realisierte, dass ihr Kopf auf den Boden knallte, die giftgrüne Decke fischte, damit sie sich nicht wehtat. Mit heiseren Worten forderte sie ihn auf, weiterzumachen, keine Rücksicht zu nehmen. Und zwischendurch zwanzigmal Ja und Weiter und Das ist gut. Weil es ihr so dringend war, verbot sich taktisches Vögeln, um das Ende hinauszuzögern. Im klaren Bewusstsein, dass sich hier ein Dammbruch ereignete, machte er weiter, bis nichts mehr beherrschbar war. Für ihn war es ein stiller Genuss, ihre Laute waren wie von einem Tier.

Danach lehnte sie sich ans Sofa und sagte: «Das habe ich gebraucht.» Sie strich über seine Brust, haarlos, seitdem er die alberne Insel zwischen den Brustwarzen mit Stumpf und Stiel ausgemerzt hatte. Dann sagte sie: «Wir werden es schön haben.»

Er lächelte und dachte: Anpfiff.

3

Die folgenden Tage waren ein Rausch der Sinne. Marielle benahm sich wie eine Ertrinkende, klammerte sich an ihn, forderte ihn, wollte mehr und immer mehr, und wenn er sie mit den Worten abwehrte: «Du bringst mich ja um», drückte sie ihn auf den Boden oder auf die Matratze oder auf das Sofa. Dann schoss ihr Gesicht auf ihn zu und ehe er, panisch erschreckt, reagieren konnte, biss sie ihm in die Nase und sagte: «Ich töte doch nicht mein bestes Stück.»

Mehrere Tage kamen sie nicht aus dem Haus. Wenn es klingelte, was mehr als einmal geschah, reagierten sie nicht und kuschelten sich kichernd aneinander. Sie benahmen sich wie Kinder, das war ihnen bewusst. Sie genossen jede Minute. Kurt arbeitete an der Grenze seiner nicht unbeträchtlichen Fähigkeiten. Das war das Paradoxe seines Jobs: Je privater es für seine Auftraggeberinnen wurde, umso härter wurde es für ihn. Marielle wusste genau, was sie wollte, und setzte ihre Vorlieben kompromisslos durch. Seine Vorlieben und Abneigungen spielten keine Rolle. Er musste nichts tun, was er verabscheute. Aber die Spielchen wurden mit der Zeit doch recht beschwerlich. Zum ersten Mal störte ihn der Name Kurt. Aber an Gegenwehr war nicht zu denken, zu inbrünstig redete sie ihn mit eben diesem Namen an. Wo andere Frauen Koseworte benutzten, liebevolle oder ordinäre, nannte sie ihn Kurt. Sie ließ keine Gelegenheit vorübergehen, ihn so zu nennen. Er dachte: Immer noch besser als schlagen.

Das Schönste war, dass er sich nicht überwinden musste.

Ihr Fleisch war relativ straff, die Schönheitsfehler ließen sich ohne Anstrengung übersehen. Sie tat – wie alle Frauen – alles für die Hygiene. Vor allem aber war es in den Pausen schön. Sie war verfressen und gestand das verschämt ein. Sie nahm gern einen Schluck zwischendurch. Kurt hielt mit, er liebte Marzipan und die feinen belgischen Pralinen. Und Champagner war kein alltäglicher Bestandteil seines Lebens, auch nicht in Ausübung seines Jobs, wo er sich oft genug mit der Hausmarke begnügen musste.

Natürlich war sie wild darauf, gestreichelt zu werden und zu streicheln. Ihre Lust darauf war größer als die von Kurt, er hatte schon vor Jahren erkannt, dass er diesen Unterschied der Geschlechter akzeptieren musste.

Sie hatte es lange nicht mehr gemacht, das war ihm schnell klar. Es war das alte Spiel. Weil sie etwas davon hatte, hatte er mehr davon als die Pflicht. Und wenn er mehr davon hatte, gab er ihr etwas zurück, das es ihr ermöglichte, mehr davon zu haben. So schloss sich der Kreis um ein unentwegt kopulierendes Paar. Einmal, als sie im Badezimmer war oder in der Küche, durchsuchte er ihre Handtasche. Das war kein Ausdruck des Misstrauens, nicht einmal der plumpen Neugier. Er informierte sich einfach gern über seine Auftraggeberinnen. Nicht selten hatte er Anhaltspunkte gefunden, die es ihm ermöglichten, ein besserer Partner zu sein. Aber ihre Tasche enthielt nichts weiter als das übliche feminine Talmi. Nur das Spritzenbesteck fiel aus dem Rahmen. Im Kühlschrank hatte er Ampullen gesehen. Also war eine Krankheit im Spiel. Er verstand nicht, warum sie aus einem banalen Diabetes ein Geheimnis machte. Vielleicht war es etwas anderes, er kannte sich mit Krankheiten nicht aus. Er war jung und gesund. Damals, in den Jahren beim Theater, hatte er von vielen Krankheiten gehört. Die meisten Kollegen waren Hypochonder und hatten über kein zweites Thema so gern geredet wie über tatsächliche und eingebildete Gebrechen. Er schloss die Handtasche und dachte: Vielleicht ist es ein Dopingmittel. Damit sie mich überlebt. Sie betrat den Raum und fragte streng: «Sind Sie bereit?»

Er legte die Hand nicht an die Schläfe, sondern platzierte sie weiter unten und sagte: «Aye, aye, Lady, allzeit bereit.»

Irgendwann mussten sie dann doch wieder ins Freie. Gemächlich krochen sie dahin, hielten sich aneinander fest und bestätigten sich gegenseitig ihre Zerschlagenheit. «So müsste Sterben sein», sagte Kurt, als sie zum ersten Mal am Weststrand standen. «Immer weiterlieben, nie mehr aufhören. Und zu zweit in den Sarg.»

Es war ein sonniger Tag mit milden Temperaturen. Der Strand war voller Spaziergänger. Mäntel und Jacken wurden aufgerissen oder über dem Arm getragen. Die meisten Frauen und einige Männer reckten ihre Gesichter der Sonne entgegen. Wer die Festtagsbraten abwandern wollte, fraß entlang der Wasserlinie einen Kilometer nach dem anderen.

Auf dem Weg von Kampen nach Westerland sortierten Marielle und Kurt die Entgegenkommenden nach routinierten und stürmischen Paaren. «Da! Die da! Hast du die Ringe unter den Augen gesehen? Sie haben es gemacht.»

«Sieh dir die beiden an! Sie fassen sich an, aber sie spüren nichts mehr.»

Niemand kam unkommentiert an ihnen vorbei. Sie verstiegen sich zu halsbrecherischen Vermutungen über Häufigkeit des Beischlafs und bevorzugte Stellungen, und Kurt sagte: «Glücklicher als wir ist keiner.»

Sie blickte ihn von der Seite an, und er dachte: Kommt immer wieder gut, der Satz.

Dann redete sie über ihre Lieblingsthemen: das Leben und die Menschen, und wie es laufen kann, wenn das Schicksal zuschlägt. Er fand sie theatralisch. Natürlich gab es Pech, es gab unheilbare Krankheiten und den statistischen Zufall, der gerade diesen Mann vor jenes Auto laufen lässt. Aber er war weit davon entfernt, hinter solchen Ereignissen das Walten überirdischer Mächte zu vermuten. Er behielt seine Zweifel für sich, sie verstand da keinen Spaß, wollte im Gegenteil von ihm hören, dass er ihrer Meinung war. Die Zustimmung versagte er ihr nicht. Er war bereit, in der Selbstverleugnung sehr weit zu gehen. Wenn es ihr Freude bereitete ...

Dann kam ihnen ein Pulk entgegen, der bei Marielles Anblick in Entzücken geriet. Der grün gewandete Nachbar vom ersten Feiertag und seine Familie samt Freunden. Nun müsse man sich aber endlich ... nun werde kein weiterer Aufschub zugelassen ...

Marielle nahm Kurt an die Hand und sagte: «Darf ich euch Sascha vorstellen? Sascha ist mein neues Glück.»

Am Abend saßen sie zusammen. Der Grüngewandete, der Hans hieß, aber von allen als Jacques angeredet wurde, redete vom letzten Jahr und schurigelte zwischendurch die Kellnerin, ein überfordertes Mädchen, an der das Bemerkenswerteste Brüste und Hintern waren, was Jacques nicht unkommentiert ließ. Die beiden Frauen in seinem Fünferpack lachten routiniert, und Kurt dachte: Für die linke würdest du keine zehn Minuten brauchen. Die andere ist verklemmt. Bezahlung nur nach Zeit.

Sie saßen in einem Lokal in Westerland, Touristen-Abfütterung, alles solide, nichts inspiriert. Marielle ließ nicht erkennen, ob sie von dem Talmi abgestoßen wurde. Jacques verbreitete sich über das Weihnachten des Vorjahres, wo man auch dieses Lokal heimgesucht habe und erst gegangen sei, als der Pächter ihnen eine Flasche Schampus spendiert habe, was gegen fünf Uhr der Fall gewesen sei.

«Und Kurt immer vorneweg!», rief Jacques.

Sascha, der nicht bei der Sache gewesen war und die Flaschen an der Bar gemustert hatte, fiel der Dessertlöffel aus der Hand.

«Nicht einschlafen», sagte eine der Frauen schelmisch. Er hatte sich nicht die Mühe gemacht, ihre Namen zu behalten. Er konnte sich aussuchen, wen er mit dem Vornamen anredete und wen nicht. Die nicht.

«Das hat doch keiner geglaubt», sagte Jacques. Alles, was er sagte, war eine Nuance zu laut. Er redete nicht, er schmetterte heraus. «Ich habe mit ihm ja noch mal gesprochen. Am Haus. Ich habe nichts gemerkt. Deshalb war das wie ein Hammerschlag, das darfst du mir glauben, meine Liebste.»

Und er drückte Marielle seine fleischigen, unangenehm aufgeworfenen Lippen auf den Handrücken.

Sie blickte ihn an, Schweigen am Tisch, dann sagte sie: «Wenn man es vorher wüsste ...»

«Ich werde dir etwas sagen», meldete sich der schweigsamste der Männer. «Es ist eine Gnade, dass wir es nicht wissen. Nicht, dass wir die Krankheit nicht kennen. Aber den Zeitpunkt.»

«Ich weiß nicht», sagte Marielle. «Ich habe auch einmal so gedacht wie du. Von wegen: Es kommt, wie es kommen muss, und so ist das Leben. Ich denke heute nicht mehr so.»

In Sascha brodelte es. Was wurde hier gespielt? Wo kam der Name her? Was war im letzten Jahr passiert? Es verbot sich, in dieser Runde danach zu fragen. Er verabscheute es, Informationsrückstand zu haben. Der Dümmste von allen, eine scheußliche Vorstellung. Er war bereit, aufmerksam zuzuhören. Aber Jacques, die Plaudertasche Jacques, wurde plötzlich von Zurückhaltung befallen. Er äußerte nur noch Sätze der Güteklasse «Das Leben muss weitergehen» und gab seiner Freude darüber Ausdruck, dass Marielle, wollte man dem Augenschein trauen, offensichtlich dem Leben zurückgegeben worden sei. Alle grinsten Sascha an. Marielle sagte: «Ich habe es noch nicht überwunden.»

Alle bestätigten ihr, dass dies ja ganz selbstverständlich sei und so weiter. Sie sagte: «Ein Jahr ist nichts, um darüber hinwegzukommen. Ein Jahr ist ein riesiger Berg, wenn die Zeit nicht vergehen will. Vor allem bist du einsam.» Nein, nein, sie habe ausreichend Zuspruch erfahren, sie hätten ja nie zurückgezogen gelebt, aber es gebe eine Distanz, die Beileidsbekundungen nicht überwinden könnten. Deshalb sei sie so dankbar für dieses Weihnachtsfest. Denn sie habe zwei Möglichkeiten gehabt: in die Höhle hinein oder in die Welt hinaus.

«Wir sehen, welche Möglichkeit du gewählt hast», tönte Jacques und ließ Schampus auffahren. Er schickte die vollbusige Bedienung fort, schenkte selbst ein und sagte, wobei er Sascha länger anblickte als jemanden sonst: «Manchmal trifft man sich in bedrängter Lage. Dann kann vieles schief gehen. Aber wenn es gut geht, Junge, Junge, dann würde ich gern an deiner Stelle sein.»

Zwei Frauen juchzten, Sascha überlegte, während er schon mit Jacques anstieß, ob er dem Widerling das Glas ins Gesicht stoßen sollte. Dann sah er Marielles Gesicht. Es bat um Verständnis. Es lächelte zaghaft und hoffnungsvoll. Zart klangen die Gläser, und er dachte: Zur Strafe machen wir es heute Nacht, wie ich es will.

Aber in der folgenden Nacht machten sie nichts anderes, als sich aneinander festzuhalten. Marielle erzählte von den letzten Tagen mit Kurt, ihrem Ehemann. Noch einmal auf die Insel, endlich an den Ort, von dem sie so lange geträumt hatten und an dem sie nie gemeinsam gewesen waren. Sie hatten alles besucht, was erreichbar ist und sich einrichten ließ, sie waren keine Stubenhocker. Sylt war immer durch die Maschen gerutscht. Nun, wo es zu spät war, sollte es sein. Kurt war in den Monaten vorher immer schwächer geworden, ein schockierender Verfall der Lebenskräfte. Ein Mann von Mitte Fünfzig verlor Farbe, Spannkraft und Energie.

Treppen steigen, das Tragen von Wasserkisten, das Verrücken von Möbeln − Arbeiten, die ihn aufs Lager streckten. Die Ärzte hatten ihn durch die Mühle gedreht, nachdem er sich endlich bequemt hatte, ihren Fachverstand in Anspruch zu nehmen. Monatelang hatte ihn Marielle gedrängt, erst im Guten, dann schreiend. Aber erst als sie mit dem Auszug gedroht hatte, war er in die Praxis gegangen.

Sie hatten ihn durch zwei Krankenhäuser geschickt, ihn in alle Maschinen geschoben, alle Daten erhoben, die Vorgeschichte erfragt, auch von Marielle, die sich an mehr erinnerte als er. Kein Wunder nach acht Jahren Ehe. Es war kein Krebs, kein Organ stellte allmählich seinen Dienst ein. Kein psychisches Problem ließ sich finden, der Mann stand mit beiden Beinen mitten im Leben.

«Aber er wollte nicht mehr», sagte sie. «Er wollte einfach nicht mehr.»

«Das gibt es nicht», sagte er und fragte alles ab. Schulden, Streit, Arbeitslosigkeit, Impotenz und immer wieder Geld. Alles Nieten. Sylt, das letzte Glück zwischen den Jahren, die Reise, von der beide wussten, dass es ihre letzte sein würde. Noch einmal so tun, als lägen dreißig Jahre vor ihnen. Noch einmal so tun, als hätten sie alle Zeit der Welt. Kurt war so geschwächt, dass er es kaum bis an den Strand schaffte. Am liebsten saß er im Sand. Weihnachten im Sand.

«Es war euer Abschied», sagte er beklommen.

Sie nickte und streichelte ihn, jetzt nicht mehr nur die Brust und die Arme. Jetzt streichelte sie tiefer und sagte: «Es war der Abschied. Auf jedem Gebiet.» Sie rutschte nach unten und fragte nach einiger Zeit: «Ist es das, was du magst?»

Mit brüchiger Stimme bat er sie, weiterzumachen.

4

Jetzt, wo zwischen ihnen alles geklärt war, harmonierten sie noch besser miteinander. Er fragte: «Warum hast du mir das nicht gleich gesagt?»

«Weil ich Angst hatte, dass du mich für verrückt hältst. Ich dachte, du könntest befürchten, dass ich irgendwelche schwarzen Messen feiern will.»

Er umarmte sie und dachte: Meine Kleine. So etwas hatte er in der Tat noch nie erlebt. Aber er fand die Vorstellung apart, für eine Art Kurt-Gedächtnisvögeln ausgewählt worden zu sein. Er fand es ein ganz klein wenig geschmacklos, aber wenn sie damit fertig wurde, wenn es ihr etwas brachte, war es in Ordnung. Und das tat es, zweifellos. Die Erinnerung an Kurt I und der Körper von Kurt II entflammten sie ein ums andere Mal. Sie redeten nun nicht mehr so viel wie bisher. In einer Phase, wo es nur natürlich gewesen wäre, wenn der Hunger der Körper Sättigungserscheinungen zeigte, prallten sie ein ums andere Mal aufeinander. Der Sex wurde rücksichtsloser, es gab nicht mehr so viel zu erforschen und zu probieren. Er dachte: In gewisser Weise sind wir ein altes Paar. Deshalb wollte er endlich die Ernte in die Scheuer fahren. Wenn sie sich über ihn beschwerte, sagte er lachend: «Ich bin dein Mann, du bist mir untertan.» Wenn sie im Verlauf des Liebesspiels sagte: «Ich will das nicht», sagte er: «Ich glaube, du willst es doch», und setzte sich durch.

Seitdem er wusste, dass er Kurt war, setzte er seinen Ehrgeiz darein, sich auch wie Kurt zu benehmen. Er wollte nicht ein beliebiger Mann unter Millionen sein, sondern sich in Kurt verwandeln, so gut es ginge. Für seinen Geschmack war Kurt ein durchschnittlicher Zeitgenosse gewesen. Weil daran nun aber nichts zu ändern war, wollte er Kurt wenigstens postum ein Denkmal setzen. Nicht Sascha in der Rolle Kurts wollte er sein, sondern Kurt in Fleisch und Blut. Dutzende von Details fragte er aus Marielle heraus und fügte die fehlenden aus eigenem Gutdünken hinzu. Dann begann die Vorstellung, mochte Marielle auch noch so befremdet reagieren. «Das ist doch lustig», sagte er und wollte sich vor Lachen ausschütten, wenn er Kurts Gang imitierte oder seinen Augenaufschlag, von dem ihm Marielle arglos berichtet hatte. Sie musste ihn mehrmals bitten, damit aufzuhören.

Kurt brauchte mehr als einen Tag, bis er merkte, wie sehr er den Bogen überspannt hatte. Was ihn ernüchterte, war die Träne, die keine war. Ein Widerschein von Licht auf ihrer Wange, der sich bei genauerem Hinsehen als Täuschung herausstellte. Aber der Schreck war vital. Er hasste weinende Frauen, sie machten ihn vollkommen wehrlos, rissen den Zaun ein, den er zu seinem Schutz brauchte. Also entschuldigte er sich. Damit hatte er keine Probleme. Er entschuldigte sich leidenschaftlich gern. Frauen liebten Zerknirschung und hatten den Mann, wenn er seine weiche, verletzliche Seite zeigte, noch einmal so gern.

«Es war dumm von mir», sagte er. «Ich weiß nicht, was in mich gefahren ist.» Weil er gerade dabei war, bemühte er sich, auch noch die letzten Geheimnisse herauszubekommen, und sagte beiläufig: «Es tut mir besonders Leid, weil ich nicht bedacht habe, wie sehr dich deine Krankheit belastet.»

«Meine was?»

«Dein Diabetes.»

«Woher weißt du das?»

«Die Spritze. In deiner Tasche.»

«Ach das», murmelte sie. «Ja, ja. Diabetes. Sicherlich.»

Beim Blick auf den Kalender wurde Kurt bewusst, wie schnell die Zeit vergangen war. Er hatte nur selten Wochenjobs, dieser war erst sein zweiter. Aber Wochenenden kamen vor, nicht so oft wie lange Nächte, aber sie kamen vor, auch verlängerte Wochenenden. Wie oft hatte er in diesen drei oder vier Tagen die Zeit verflucht, wenn sie nicht vorangehen wollte, wenn sich die Frau zierte oder nicht die Hemmschwelle überwand, wenn sie sich als Neurotikerin entpuppte oder als dumm dreistes Luder, das einen Feingeist wie ihn peinlich berührte.

Am letzten Tag des Jahres stiegen auf der Insel keine Raketen in den Himmel, Rücksichtnahme für Reetdächer. Gefeiert wurde aber kräftig, am Strand, in den Lokalen und in den Häusern. Als sie abends spazieren gingen, sahen sie, dass fast jedes Haus bewohnt war. Es war kälter geworden, biestig kalt, aber auch klar und so trocken, wie es auf einer Insel sein kann. Kurt liebte diese Luft, er atmete sie nicht, er trank sie. Er fror auch erst viel später. Raureif war über die Pflanzen und Bäume geklettert, das Licht sah aus wie klargespült. So etwas hatte Kurt bisher nur in den Bergen erlebt. Marielle konnte seinem Enthusiasmus nicht folgen. Überhaupt war sie ziemlich einsilbig. Ihre Rückfahrt war für morgen Mittag geplant. Er fand es rührend, dass bei ihr schon Wehmut ausgebrochen war, und bemühte sich doppelt, sie zum Lachen zu bringen. Als sie am Watt standen und er seinen Arm um sie legen wollte, entzog sie sich und sagte: «Du darfst dich nicht in mich verlieben.»

Er musste sich sehr zurückhalten, bloß kein falsches Wort jetzt. Er hatte sich noch nie verliebt und würde sich auch nie verlieben. Er konnte Äpfel und Birnen auseinander halten. Job war Job und das Leben war das Leben. Zu Hause wartete Katharina auf ihn. Na gut, sie wartete nicht direkt, weil sie sich das abgewöhnt hatte. Aber es gab jemanden, zu dem er gehen konnte. Und es gab mehr als eine Frau, mit der er essen, Filme ansehen konnte. Und manchmal auch die Nacht verbringen.

An den Mülltonnen wurde er von Jacques abgefangen. Kurt quälte sich gerade mit den vielen verschiedenfarbigen Behältern herum. Er konnte sich das alles einfach nicht merken und hielt es auch für Schwindel. Jacques lud ihn für den Abend ein. Offenbar blieb er mit seiner Brut heute zu Hause. «Da sind einfach die Wege kürzer, wenn man kotzen muss», sagte er munter. Selten hatte Kurt einen Menschen getroffen, der alle seine Vorurteile gegen einen bestimmten Typus so fugenlos ausfüllte.

«Danke, nein», sagte er, «wir bleiben unter uns.»

Er wusste gleich, dass er einen Fehler begangen hatte. Und schon ging es los. «Unter uns ist gut», sagte Jacques. «Das ist sogar sehr gut. Ist aber mal ganz schön, unten zu bleiben, was?»

Kurt entzog sich dem kumpelhaften Rempler, so gut es in der Enge der Mülltonnenanlage möglich war.

«Wie geht's denn so?», fragte Jacques, anstatt nun endlich zu verschwinden. «Hast du die arme kleine Marielle dem Leben zurückgegeben?»

«Ich weiß nicht, was Sie meinen.»

«Na, nun komm.» Erneuter Rempler. «Unter uns Klosterbrüdern können wir doch offen sprechen. Du bist genau das, was dem Mädchen gefehlt hat.»

«Und was bin ich Ihrer Meinung nach?»

«Ein Stecher. Ein gut aussehender Stecher. Einer, der frustrierte Damen oder trauernde Witwen aufs Kreuz schmeißt, um sie daran zu erinnern, dass es ein paar Leibesübungen gibt, die das Leben lohnen. Ist doch so oder nicht? Ich seh dir das doch an der Nase an. Immer etepetete, aber dahinter nichts weiter als ein Stecher. Na, nichts für ungut. Besser so als gar nicht. Und wenn es unserer kleinen Marielle gut tut. Du bist doch gut zu ihr, oder muss ich kontrollieren kommen? Grüß sie von uns!», rief Jacques dem flüchtenden Kurt hinterher.

Es gab Kartoffelsalat mit Würstchen. Kurt hielt das für piefig, aber er wusste, dass sein Vorgänger vor einem Jahr das Gleiche vertilgt hatte. Marielle trug heute Abend einen Hosenanzug. Es war das mit Abstand unattraktivste Kleidungsstück, das er an ihr gesehen hatte. Ihr Koffer war also auch leer. Sie schauten in den Fernseher und machten sich über das banale Angebot lustig. «Um zwölf gehen wir an den Strand», sagte sie. «Bitte, sag nicht nein. Da unten ist immer so eine gute Stimmung.»

Sie nahm ein paar Kartons aus der Anrichte, und er ließ sich zu einigen dummen Gesellschaftsspielen überreden. Dabei hatte er mit einer letzten rauschenden Liebesnacht gerechnet. Aber er bestimmte nicht das Programm.

Die Zeit verging auch so, die letzte Stunde vertrieb er sich mit donnerndem Rock von Led Zeppelin, ein Silberling lag in der obersten Schublade der Anrichte. Wahrscheinlich Strandgut von vergesslichen Vormietern. Er überredete Marielle, mit ihm danach zu tanzen, was bei den langsamen Stücken zu engen Kontakten führte. Zu mehr aber nicht.

Beim Aufbruch stand sie plötzlich mit den Lachsbroten vor ihm. Kurt schüttelte den Kopf. Sie sagte: «Bitte, bitte.» Dann sagte sie noch etwas über fetten Fisch als gute Grundlage für Alkohol. Angeblich wurde unten am Strand heldenhaft gebechert. Kurt verdrückte den Fisch, er war wirklich sehr fett. Marielle zog Gummistiefel an und sagte: «Leider gibt es nur dieses eine Paar. Ich hatte gedacht ...»

Er winkte ab.

Sie nahmen den Wagen, für einen Marsch war es zu weit und viel zu kalt. Sechs Grad minus. Marielle fuhr, Kurt streckte die Beine aus und wunderte sich, dass sie ihm eingeschlafen waren. Er hatte doch eben noch getanzt. Kokett dachte er: Muskelkater. Totgevögelt.

Die Fahrt bis zum Strand zog sich hin. Marielle sagte, dass sie einen Schleichweg kenne. Er schloss die Augen und hatte immense Probleme, sie wieder zu öffnen.

Das nächste, was er sah, war Dunkelheit. «Was ist hier?», fragte er, öffnete die Tür und stürzte auf das Pflaster. Peinlich berührt, wollte er sich sofort erheben, aber so schnell ging das nicht. Und es war auch nicht so wichtig. Aufstehen konnte er genauso gut auch noch mor ... Er zog sich am Wagen in die Höhe.

«Geht's?» Er blickte Marielle an, aber sie war so groß, vier Meter oder sieben, und oben saß das kleine Gesicht.

«Ich weiß gar nicht, was mit mir ...», sagte er und schüttelte den Kopf. Schnee wäre jetzt gut gewesen. Eisiger Schnee, um sich damit über Gesicht und Hals zu reiben.

Dann stand er am Wagen, aber er musste sich fest halten, und der Wagen hatte keinen Griff. Ein Arm fasste ihn um die Hüften, schwer stützte er sich auf. Er entschuldigte sich, aber vielleicht auch nicht. Er konnte nicht mehr sprechen. Willig überließ er sich Marielle. Sie kannte den Weg.

Etwas in ihm dachte: der Fisch. Von wegen frisch. Dann dachte er nichts mehr. Aber er roch etwas. Gierig griff er nach der Flasche, aber Marielle musste sie fest halten, sonst hätte er sie nicht an den Mund gesetzt. Der Alkohol explodierte in seinen Därmen. Es schwappte und es roch stark nach Alkohol.

«O pardon», sagte eine Stimme, «habe ich doch aus Versehen Schnaps auf deine Jacke geschüttet.» Nicht nur auf die Jacke, auch auf die Hose und ins Gesicht, über die Haare, überallhin.

Schwer hing der halb bewusstlose Mann an ihr. Aber sie war schon am Wasser. Noch einige Schritte, dann ein schweres Klatschen. In ihm war noch Bewusstsein, die Augen standen offen. Und der Mund formte ein Wort. «Warum?»

Sie lachte und griff rüde in seine Haare. «Du dummer, dummer Mann», sagte sie. «Du bist ja fast so dumm wie Kurt. Und ich habe gedacht, das gibt es nicht.»

Er starrte in das Gesicht. Er sah so wenig, hier gab es kaum Licht. Da, wo sie ihn gestern Abend überredet hatte, die Laterne am Strandweg kaputtzuwerfen, würde es heute kein Licht geben.

Wieder der Schmerz. Sein Kopf schlug auf. Es war nass. Nass wie Wasser. Und Blut.

«Er wollte mich verlassen. Aber das habe ich ihm nicht erlaubt. Wir sind Frau und Mann, habe ich gesagt. Er hat gelacht. Ich habe gesagt: Das solltest du nicht tun. Aber er hat immer weiter gelacht. Dummer Mann. So wie du. Hast du wenigstens eine Ahnung, wie widerlich ich euch finde? Euch alle? Und besonders euch, die ihr so smart ausseht und so charmant seid, so gut reden könnt und so wahnsinnig gut im Bett seid. Lächerlich. Lächerlich.»

Sirenen jaulten los. Er wusste nicht, ob in seinem Kopf oder in der Welt. Schüsse gingen los. Oder Knallkörper. Aber das konnte nicht sein, weil Knallkörper doch verbo ... Sein Bewusstsein waberte, es war schon fast nichts mehr vorhanden. Er spürte, dass es kalt war und alles einschlief. Aber er atmete noch. Atem ist Hoffnung. Dann packte sie mit beiden Händen seine Jacke und drehte ihn auf den Bauch.

«Traurig, dass manche nicht mit dem Alkohol umgehen können», sagte sie, während die Sirenen jaulten und in der Ferne Menschenstimmen das neue Jahr begrüßten. Sie zog die Piccoloflasche aus der Tasche und öffnete sie. «Auf dich, mein Kurt», sagte sie mit fester Stimme und hielt die Flasche in den Himmel. «Nächstes Jahr sehen wir uns wieder.»

Utta Danella

Happy-End am Roten Kliff

La luna

Plötzlich sprang sie auf, und ohne sich umzusehen, lief sie
aus dem Raum durch die offen stehende Tür ins Freie.

Der Vater sah ihr nach, schüttelte missbilligend den Kopf
und blickte wieder gebannt auf den Bildschirm. Seine Frau,
die neben ihm saß, seufzte, dann starrte sie widerwillig auf
das Fernsehbild mit den schwebenden Figuren.

Der junge Mann, vor dem das junge Mädchen gesessen
hatte, wandte den Kopf, sah ihm nach und stand unwillkürlich auf.

Sein Freund legte ihm die Hand auf den Arm.

«Nun lass die doch», murmelte er.

Der junge Mann, Florian, hatte zwar genauso fasziniert
wie alle anderen, die in dieser Hotelhalle saßen, das Wunder
betrachtet, das da im Fernsehen gezeigt wurde, aber dazwischen hatte er immer wieder einmal die Wangenlinie und
den langen Hals des Mädchens betrachtet, ein Anblick, der
ihn ebenfalls faszinierte.

Sie gefiel ihm außerordentlich. Er sah sie abends im Res-

126

taurant, wenn sie beim Essen saßen, sie mit ihren Eltern an einem Tisch am Fenster, er mit seinem Freund an einem Tisch in der Ecke. Da sie ein billiges Zimmer bewohnten, bekamen sie auch keinen Platz am Fenster. Er hatte sie auch schon einige Male am Strand gesehen. Dort spazierte sie mit nachdenklichem Gesicht, die Füße im Wasser, am Ufer entlang, oder sie lag lang ausgestreckt im Sand. Er hatte zu seinem Freund gesagt, dass er das Mädchen reizvoll finde. Sein Freund hatte erwidert: «Da gibt es hübschere hier.»

Das mochte sein. Doch gerade dieses Mädchen gefiel ihm. Er setzte sich wieder, noch ein Blick auf das Fernsehbild, dann stand er auf, ging zögernd durch den Raum, drehte sich an der Tür noch einmal um, und trat ins Freie.

Er sah sie gleich. Sie lief in Richtung Meer, sie lief schnell, ihre Haare wehten im Wind.

Er ging ihr nach, langsam, er traf sie oben am Roten Kliff, sie stand da und blickte aufs Meer hinaus.

Er trat neben sie, sagte erst nichts, und da sie ihn offensichtlich nicht bemerkte, sagte er schließlich: «Hallo.»

Sie wandte flüchtig den Kopf, nickte kurz, dann ging ihr Blick wieder hinaus auf die Unendlichkeit des Meeres.

«Es interessiert Sie offensichtlich nicht, was uns da heute geboten wird.» Das war keine Frage, es war eine Feststellung.

«Nö», antwortete sie. «Nicht im Geringsten. Es ärgert mich.»

«Es ärgert Sie?»

Nun sah sie ihn an.

«Ja, es ärgert mich. Dass die blöden Amerikaner auf dem Mond herumtrampeln.»

Er lachte kurz. «Na, dass sie trampeln, kann man nicht sagen, sie schweben mehr dort herum.»

«Was haben die denn dort verloren? Sie machen mir meinen Mond kaputt.»

«Man kann nicht sagen, sie machen den Mond kaputt. Sie sind dort gelandet, und das ist doch ein großes Ereignis. So etwas hat es noch nie gegeben.»

«Na, wenn schon», sagte sie. «Es gibt immer etwas, was es noch nie gegeben hat. Nicht alles gefällt mir. Und auf meinem Mond haben sie nichts verloren. *La luna bella.* Auf ihr soll keiner herumlaufen, ob schwebend oder sonst wie. Das nächste Mal werden sie bestimmt dort herumtrampeln.»

«Das geht gar nicht. Im Weltraum kann man immer nur schweben.»

«Ach ja?», jetzt sah sie ihn an. «Und warum müssen sie dort sein?»

«Nun, es ist … es ist halt ein Fortschritt in der Weltraumforschung.»

«Ach ja», machte sie wieder.

«Die Mondlandung ist ein tolles Ereignis», sagte er. «Wer hätte je gedacht, dass so etwas möglich ist.»

Es war das Jahr 1969, und die Amerikaner waren auf dem Mond gelandet.

«Ich mag nicht, dass Menschen auf meiner Luna sind. Denken Sie nur, was das kostet, die Forschung und nun diese blödsinnige Reise da rauf. Kann man das Geld nicht sinnvoller anwenden?»

«Was heißt da rauf», sagte er schulmeisterlich. «Von oben und unten kann man doch nicht reden. Wir drehen uns um die Sonne, das tut der Mond auch, oben und unten gibt es nicht.»

«Für mich schon. Ich liebe den Mond. Erst die kleine Sichel, wie er wächst, groß und prächtig wird und dann leider wieder versinkt.»

«Er versinkt nicht.»

«Sie kommen sich wohl vor wie Galilei, wie? Für mich versinkt er, basta. Genau wie da draußen die Sonne im Meer versinkt, ob wir uns nun allesamt drehen oder nicht. Ein gewisser Zauber muss doch bleiben, wenn man schon auf dieser sich drehenden Erde lebt. Und diese blöden Amerikaner haben das nur gemacht, weil sie sich über den Sputnik geärgert haben. Die Russen waren eben ein bisschen schneller. Nun werden sie pausenlos versuchen, sich gegenseitig zu übertrumpfen, der eine auf dem Mond, der andere auf dem Mars, schließlich einer auf der Sonne.»

«Das ist nicht möglich.»

«Warum denn nicht? Wo bleibt denn Ihr Fortschritt?»

«Sie mögen die Amerikaner offenbar nicht besonders?»

«Nein. Erst haben sie uns die Bomben auf den Kopf geschmissen, jetzt bomben sie in Vietnam, und nun hopsen sie auch noch auf dem Mond herum.»

«Sie haben die Bomben doch kaum miterlebt.»

«Nein. Aber ich habe noch gesehen, was aus Berlin geworden ist. Und ich sehe jeden Tag im Fernsehen, was in Vietnam passiert. Und die Mauer mitten durch Berlin, das haben wir auch den Amerikanern zu verdanken.»

«Wieso denn das?»

«Wenn sie ihnen nicht halb Deutschland zum Geschenk

gemacht hätten, wären die Sowjets nicht da. Nicht in Berlin und nicht in … in … Dresden beispielsweise. Mein Vater hat mir Bilder gezeigt. Dresden muss eine wunderschöne Stadt gewesen sein. Und Berlin sah früher auch anders aus.»

«Das lernen Sie also von Ihrem Vater.»

«Genau. Und er sagt auch, dass die Roten eines Tages aus Deutschland verschwinden werden und dann gehören wir wieder zusammen.»

«Die berühmte Wiedervereinigung. Das wird keiner von uns erleben.»

«Ich schon», sagte sie trotzig.

«Sagt Ihr Vater.»

«Denken Sie nicht, dass mein Vater ein Nazi war, er hatte sogar Berufsverbot bei denen. Aber er ist nun mal der klügste Mensch, den ich kenne. Und er hat immer Recht.» Das klang triumphierend. Mond oder nicht, sie waren in ein Gespräch geraten. Und das Mädchen gefiel ihm immer noch.

«Was … ich meine, entschuldigen Sie die Frage, was ist denn Ihr Vater?»

«Journalist. Er ist bei einer großen Zeitung.»

Florian überlegte eine Weile, wie er das Gespräch weiter in Gang halten könnte. Die Mondlandung hatte er inzwischen vergessen.

«Und Sie?», fragte er. «Was haben Sie für einen Beruf?»

«Ich?» Nun sah sie ihn empört an. «Ich habe gerade mein Abitur gemacht. Jetzt muss ich erst mal studieren.»

«Was denn?»

«Am meisten interessiert mich Geschichte. Ich möchte auch Journalistin werden.»

«Ich studiere Jura.»

«Damit kann man eine Menge anfangen. Ich hab einen Freund aus der Schule, der war zwei Klassen über mir, der studiert auch Jura. Er hat mir mal vorgerechnet, was für Möglichkeiten man hat mit diesem Studium. Richter und Staatsanwalt kann man werden oder ein gut verdienender Anwalt. Und am meisten verdient man in der Wirtschaft.»

«Geld ist für Ihren Freund also wichtig.»

«Klar. Für wen denn nicht.»

«Ich finde es sehr schade, dass Sie einen Freund haben.»

Nun vergaß sie nicht nur den Mond, sondern auch das Meer, wandte sich ihm voll zu.

«Warum soll ich denn keinen Freund haben?»

«Weil ...» Die Antwort fand er nicht so leicht.

«Weil was?» Das klang herausfordernd.

«Na, wenn Sie doch erst gerade mit der Schule fertig sind.»

Sie lachte. «In welchem Jahrhundert leben Sie denn? Sie wollen auf den Mond reisen und erwarten von einem Mädchen, dass es eine tugendsame Jungfrau bleibt.»

«Erstens will ich nicht auf den Mond, und zweitens meine ich das nicht so.»

«Aha. Nicht so. Übrigens ist Jürgen mein Freund und nicht mein Liebhaber. Beruhigt Sie das?»

Er sah sie unsicher an, ein wenig verlegen.

«Doch. Ja.»

Eine Weile schwiegen sie, blickten nun beide auf das Meer hinaus. Eine gewisse Vertraulichkeit war zwischen ihnen entstanden, ganz von selbst.

Dann sagte er: «Auf jeden Fall bin ich la Luna dankbar, dass sie uns zusammengeführt hat.»

Sie lachte, ein wenig spöttisch. «Hat sie das?»

«Nun, ich meine, wir unterhalten uns. Das habe ich mir schon lange gewünscht.»

«Lange? Sie sind doch erst seit drei Tagen da.»

Er registrierte befriedigt, dass sie ihn also auch gesehen hatte.

«Seit vier Tagen», korrigierte er.

Ihm war sie gleich am ersten Abend aufgefallen, als sie zusammen mit ihren Eltern ins Restaurant kam. Sicher, es gab eine Menge hübsche Mädchen hier, das hatte Jürgen schon angekündigt. Aber an ihr gefiel ihm alles, ihre Haltung, ihr Gang, leicht und sicher, die Art, wie sie lächelte und sich mit ihren Eltern unterhielt. Sie war eben anders als die meisten hübschen Mädchen rundherum. Die Mutter war auch hübsch und schlank, auch mit guter Haltung, immer chic angezogen. Und der Vater hatte einen guten Kopf, die Haare bereits grau, ein interessantes Gesicht. Er konnte nicht ahnen, dass er nicht irgendein Journalist war, sondern ein bekannter Chefredakteur.

«Mein Freund heißt übrigens auch Jürgen.»

Sie lachte. «Na so ein Zufall.»

«Er hat mich zu dieser Reise überredet. Er war schon zweimal auf Sylt, und es gefällt ihm hier so gut, dass er meinte, ich solle unbedingt mal mitkommen.»

«Und? Gefällt es Ihnen auch?»

«Doch. Besonders jetzt, nachdem ich Sie kenne.»

«Was Sie dem Mond verdanken.»

132

«La Luna verdanke ich es.»

«Und jetzt verpassen Sie meinetwegen das ganze Theater.»

«Ich nehme an, wir werden das noch tagelang zu sehen kriegen. Das wird bestimmt x-mal wiederholt.»

«Das habe ich mir auch gedacht.»

«Und immer, wenn ich den Mond sehe, werde ich jetzt denken, dass er eigentlich *la luna bella* ist. Und auf ihr sollte man wirklich nicht herumtrampeln.»

«Ist doch komisch, nicht, dass der Mond im Deutschen männlich ist. Die Sonne ist das große, alles bestimmende Ungeheuer. Der Mond ist ihr Untertan genau wie die Erde. Es müsste heißen: der Sonne. Im Französischen heißt es *le soleil* und *la lune*.»

«Und im Italienischen», fügte er eifrig hinzu, «*il sole e la luna*.»

«Und weiter», fragte sie.

«Was weiter?»

«Es gibt noch andere Sprachen.»

«Auf Russisch weiß ich es jedenfalls nicht.»

«Braucht man nicht zu wissen. Denen wird das keine Ruhe lassen und sie werden auch bald auf ihr herumtrampeln.»

«Auf jeden Fall wissen wir, dass sie englisch *the moon* heißt.»

«Aber wir wissen nicht, ob das männlich oder weiblich ist. Da sehen Sie, wie armselig diese Sprache ist.»

«Sie mögen das Englische nicht?»

«Wer sagt denn das? Wir haben es ja hier mit Amerikanern zu tun. Und die sprechen wirklich fürchterlich.» Sie überlegte kurz. «Bis auf eine Ausnahme. Frank Sinatra. Also wenn der singt, das ist wunderbares Englisch. Da versteht man jedes Wort. Kennen Sie seine Songs?»

«Selbstverständlich. Mir gefallen sie auch. Und die von Perry Como und natürlich Bob Dylan. Und ...»

Eine Weile unterhielten sie sich damit, die Songs und Interpreten aufzuzählen, die sie mochten.

Mond und Meer waren vergessen. Sie sahen sich an, ihre Augen, graublau, strahlten, ihr Mund war weich und zärtlich, wie immer, wenn von Musik die Rede war, und das war bei ihr nicht nur Frank Sinatra, vielmehr noch Mozart oder Schubert.

Wie lange standen sie eigentlich dort oben am Roten Kliff? Eine halbe Stunde? Eine ganze Stunde? Wind war aufgekommen, zauste in ihrem Haar, sie erzählte von ihrem Abitur, er von seinem Studium. Dann fasste er nach ihrer Hand, hob sie an seine Wange.

Darauf verstummten sie für eine Weile.

Dann sagte sie: «Wir wollen nicht ungerecht sein. Es gibt sehr schöne Lieder über den Mond.» Sie summte leise. Dann sang sie.

«Der Mond ist aufgegangen, die goldnen Sternlein prangen am Himmel hell und klar ... Klingt doch gut, nicht? Aber ich glaube, wir müssen jetzt zurück. Sie haben nun wirklich meinetwegen viel verpasst.»

«Ihre Eltern werden sich fragen, wo Sie geblieben sind.»

«Mein Vater hat bestimmt gesehen, dass Sie mir nachgegangen sind. Er sieht immer alles.»

«Ist das nicht lästig?»

«Bei ihm nicht. Er kennt mich gut.»

134

«Und Ihre Mutter?»

«Sie wird denken, dass wir flirten. Ganz normal, nicht?»

Er schwieg, sie wandten sich um und gingen langsam zum Hotel zurück.

«Für mich ist es mehr als ein Flirt.»

Darauf gab sie keine Antwort, doch sie sagte: «Vermutlich ist es für Sie auch voriges Jahrhundert, dass ein Mädchen mit seinen Eltern verreist. Meine Freundin jedenfalls hat das gesagt. Aber im Grunde beneidet sie mich.»

«Warum?»

«Ihre Eltern sind geschieden. Und sie ist ziemlich einsam. So im Herzen, meine ich. Sie ist nach Italien gefahren und wollte, dass ich mitkomme. Aber auf dieser Insel finde ich es wunderbar, die Luft hier, der Wind und dieses große Meer. Wissen Sie, was mir nicht gefällt?»

«Nein, sagen Sie es mir!» Seine Stimme war voll Zärtlichkeit. So schnell war ihm so etwas noch nie passiert. Verliebt hatte er sich schon dann und wann, mehr oder weniger. Aber mit diesem Mädchen war es anders.

«Eine Insel ist eine Insel, nicht wahr? Ich wünschte mir, man würde mit dem Schiff hierher fahren. Über diesen Damm, der die Insel mit dem Festland verbindet, fahren die Züge, und die Züge transportieren Autos, und das gefällt mir nicht.»

«Der Hindenburgdamm. Früher musste man mit dem Schiff fahren, habe ich mir sagen lassen. Dann haben sie diesen Damm gebaut, sie sind sehr stolz darauf. 1928 eröffnet.»

«1927», sagte sie.

«Aha. Wir werden es feststellen. Meinen Sie, ich kann Sie

morgen wiedersehen? Zu einem Spaziergang durch die Dünen. Oder über die Heide?»

«Warum nicht? Es gibt sicher noch vieles zu entdecken hier. Aber Ihr Freund wird sicher mitkommen wollen.»

«Muss er nicht. Der findet leicht Anschluss.»

Sie hob die Brauen. «Das ist kein hübsches Wort. Anschluss finden, meine ich. Bin ich auch Anschluss für Sie?»

«Nein. Sie sind viel mehr.»

Sie verschluckte die Frage, die ihr auf den Lippen lag. Sie hatte fragen wollen: Mehr als die Mondlandung?

Aber da wusste sie schon, dass es mehr war.

«Ich muss mich wohl vorstellen», sagte er zögernd. «Ich heiße Florian. Florian Langner.»

«Florian», wiederholte sie. «Das ist ein hübscher Name. Das ist irgendein Heiliger, nicht wahr? Du lieber heiliger Florian, verschon mein Haus, zünd andre an. So heißt es doch.»

Damit hatte sie die ernste Tonart, die zuletzt ihr Gespräch begleitet hatte, geschickt geändert.

Vor dem Hoteleingang sah sie ihren Vater stehen.

Florian hatte ihn auch gesehen.

«Darf ich Ihren Namen auch erfahren?», fragte er.

«Ich heiße Judith», sagte sie und ging auf ihren Vater zu.

Als sie vor ihm standen, neigte der junge Mann höflich den Kopf. Judith sagte: «Das ist Herr Langner. Florian Langner. Und er interessiert sich ebenfalls sehr für die Mondlandung.»

«Kam mir gar nicht so vor», sagte der Vater.

«Weißt du, was Mond auf Russisch heißt?», fragte Judith.

«Luna», erwiderte er. «Und sie ist weiblichen Geschlechts.»

«O Papilein», rief sie und warf die Arme um seinen Hals.

Ihr Vater musste lachen. Das hatte er lange nicht mehr gehört, so hatte sie ihn als kleines Mädchen genannt.

Am Watt

«Nun», fragte sein Freund, als Florian wieder neben ihm Platz nahm, «hat es sich gelohnt?»

«Wie meinst du das?», fragte Florian ablehnend.

«Du warst ziemlich lange fort.»

«Ich habe sie kennen gelernt, und wir haben uns unterhalten.»

«Ist ja enorm. Und wie geht's weiter?»

«Weiß ich nicht.»

«Was mich betrifft, mir langt der Mond nun auch. Gehn wir auf einen Drink zu Karlchen? Ist sicher ganz leer heute in der Bar, weil sie alle vor dem Fernseher sitzen.»

«Sicher haben sie da heute auch einen hingestellt.»

«Täte mir Leid. Ich habe mich nämlich mit einer süßen Puppe verabredet.»

«Dann hau ab.»

«Komm doch mit. Sie hat eine Freundin und die wird wohl auch da sein.»

«Na schön. Gehn wir halt auf ein Stündchen.»

Jürgen gackerte albern über das Stündchen.

«Vielleicht werden es auch zwei Stündchen. Oder mehr.»

«Ich nehme an, die süße Puppe ist die, mit der du heute nackt herumgehopst bist.»

«Genau die. Hat eine prima Figur. Und die Freundin, die war ja auch da, die hat den schönsten Busen, den ich je gesehen habe.»

«Vermutlich fehlt es dir an Vergleichsmöglichkeiten!»

«Kann sein. Aber das lässt sich ja nachholen.»

«Pst!», machte es hinter ihnen.

Florian gackerte nun auch.

«Wir stören hier. Der Mond ist aufgegangen ...»

«Nun werd bloß nicht poetisch. Matthias Claudius, sehr sinnig. Dem gefiele das hier sicher nicht sonderlich.»

«Judith gefällt es auch nicht.»

«Wer ist Judith?»

«Na, sie.» Er machte eine Kopfbewegung zu dem Platz, an dem das Mädchen zuvor gesessen hatte.

«Sie heißt Judith? Ist ja toll. Wie kommt sie denn zu so einem blutrünstigen Namen?»

«Wieso?»

«Na, Judith und Holofernes. Sie hat ihn erst geliebt und dann umgebracht. Pass bloß auf, Bürscherl.»

Beim Hinausgehen blickte Florian sich noch einmal um. Ihr Vater saß auf seinem Platz, Judith und ihre Mutter waren nicht mehr da.

Sicher machte ihr die Mama jetzt Vorwürfe.

Das war das Erste, was er sie fragte, als er sie am nächsten Morgen wiedersah.

«Warum denn das?», fragte sie.

«Weil Sie gestern Abend mit mir verschwunden sind.»

«Quatsch! Karin ist eine sehr vernünftige Frau. Sie macht

mir doch keine Vorwürfe, wenn ich mal mit einem jungen Mann spazieren gehe.»

«Sie sind nicht mit ihm gegangen, er ist Ihnen nachgelaufen.»

«Man merkt, dass Sie Jurist sind. Man muss sich immer präzise ausdrücken.» Sie lachte ihn unbefangen an. «Und was machen wir nun?»

«Tja, kommt darauf an. Was hatten Sie denn vor?»

«Bis jetzt gar nichts. Ich nehme an, Sie haben auf dem Stein gesessen, weil Sie auf mich gewartet haben.»

«Stimmt genau.»

«Ihr Freund ist an den Strand gegangen?»

«Keine Ahnung. Ich habe ihn gestern Abend verloren.»

«Verloren?»

«Wir waren noch bei Karlchen in der Bar, und dann ist er mit einer süßen Puppe abgehauen.»

«Einfach so? Ohne Sie mitzunehmen?»

«Die zweite Puppe, die sie dabei hatten, war nicht mein Typ.»

«Drum. Gehn wir halt mal über die Heide, hier so schräg durch, und dann drüben weiter bis zum Watt. Waren Sie da schon mal?»

«Nein. Wir waren immer am Strand.»

«Bei Buhne 16, nehme ich an.»

«Stimmt. Sie baden wohl nicht gern nackt?»

«Baden schon. Nackt schwimmen ist herrlich. Nackt herumsitzen ist doof. Und ewig am Strand sitzen ist langweilig. Übrigens gibt es hier unten auch genügend Nackte. Ist nicht immer ein erhebender Anblick.»

«Ja», sagte er, «das habe ich mir manchmal auch schon gedacht.»

Sie lachte. «Es gibt da eine sehr ulkige Gruppe. Ein älterer Herr mit grauem Bart und Bauch. Um ihn herum sitzen lauter junge Leute. Und sie sagen Herr Professor zu ihm. Nackter Professor mit seinen Studenten, ist das nicht komisch?»

«Die müssen Sie mir mal zeigen.»

Sie schlenderten auf dem schmalen Pfad über die Heide, querten die Straße und gingen dann langsam abwärts in Richtung Watt.

Dabei erzählte sie ihm von der Insel, von allem, was sie kannte, von Hörnum bis List, vom Meer bis zum Watt.

«Sie sind schon länger hier, Judith?»

«Ich bin nicht zum ersten Mal hier. Wir kommen fast jedes Jahr. Und mein Vater kam schon als junger Mann auf die Insel. Vor dem Krieg.»

«Da haben Sie ja immer einen weiten Weg.»

«Wieso?»

«Na, von Berlin bis hierher. Da müssen Sie ja fliegen.»

«Wie kommen Sie auf Berlin? Wir wohnen in Hamburg. Das ist gar kein weiter Weg.»

«Sie haben gestern von Berlin gesprochen.»

«Da bin ich geboren. Als ich zehn war, sind wir nach Hamburg gezogen.»

Er überlegte eine Weile, dann sagte er: «Schade.»

«Warum?»

«Weil ich gedacht habe, wir könnten uns öfter sehen in Berlin. Ich studiere nämlich in Berlin.»

«Damit Sie nicht zu den Soldaten müssen.»

140

«Auch. Aber ich wollte einfach gern nach Berlin. Um die Stadt kennen zu lernen und das Umfeld und alles eben.»

«Viel Umfeld gibt es ja nicht mehr. Da kommen Sie ein paar Jahre zu spät.»

«Meine Mutter findet es auch nicht gut, dass ich in Berlin studiere.»

«Und Ihr Vater?»

«Mein Vater ist gefallen, bevor ich geboren wurde. Und darum passt es meiner Mutter nicht, wenn ich so weit von ihr entfernt bin.»

«Verständlich. Und wo kommen Sie her?»

«Aus Freiburg.»

«Da gibt es ja auch eine gute Universität.»

«Eben. Das sagt meine Mutter auch.»

«Sie sprechen aber gar nicht so», sagte Judith. «Ich meine, irgendwie schwäbisch oder badisch.»

«Wir kommen aus Schlesien.»

«Ach so.» Judith schwieg, blickte hinaus auf das stille Watt.

«Da kann ich Ihre Mutter gut verstehen. Sie hat den Mann verloren und die Heimat. Und Sie haben sie nun auch verlassen.»

Er wandte sich mit einer heftigen Bewegung zu ihr, griff nach ihrem Arm. «Ich mache mir ja auch pausenlos Vorwürfe», sagte er.

Sie sah ihn an, ihre Augen blickten ernst, traurig geradezu.

«Ist Ihre Mutter denn ganz allein?»

«Ich bin ihr einziges Kind. Sie hat nicht wieder geheiratet.»

Es gab verschiedene Fragen, die sich ihr auf die Lippen drängten, doch sie sprach sie nicht aus.

Warum hat Ihre Mutter nicht wieder geheiratet? Sie muss doch noch eine junge Frau gewesen sein. Gibt es keinen Mann in ihrem Leben, hat es nie wieder einen gegeben?

Aber es konnte ja sein, dass seine Mutter ihren Mann geliebt hat, dass sie unter seinem Tod litt, noch heute, dass sie keinen anderen Mann wollte.

Judith wusste genug über die Zeit, die sie nicht mehr hatte erleben müssen.

Sie wies mit der Hand nach rechts.

«Gehen wir ein Stück weiter? Dieser Wattweg ist sehr schön und wir kommen dann gewissermaßen am unteren Ende von Kampen heraus.»

«Müssen Sie nicht zum Mittagessen zu Hause sein?»

«Sie meinen im Hotel? Nein, muss ich nicht. Wir essen selten mittags. Das Menü am Abend ist reichlich genug. Mal eine Kleinigkeit in der ‹Sturmhaube›. Und mein Vater geht gern in den Dorfkrug, Salat oder so. Und Karin ist sehr auf ihre Figur bedacht.»

«Ihre Mutter, ich meine Karin, ist eine sehr fesche Frau.»

«Ja, nicht wahr?» Sie lachte. «Sie hat die Zeit miterlebt, in der es sehr wenig zu essen gab. Und dann auf einmal haben die Leute gefressen, was sie nur kriegen konnten. Karin sagt, nun bremsen wir wieder ein bisschen. Das Essen auf der Insel ist sehr gut, finden Sie nicht auch?»

«Ja, sehr gut.»

Sein Freund und er mussten sparen. Sie aßen wirklich nichts außer dem Menü am Abend. Gelegentlich ein Paar

Würstchen. Es sei denn, das Mädchen mit dem hübschen Busen hatte ein Sandwich dabei.

«Wie sind Sie denn von Schlesien ausgerechnet nach Freiburg gekommen?»

«Daran war meine Tante schuld. Die Schwester meiner Mutter. Sie ist schon vor dem Krieg nach Freiburg gegangen.»

«Aber dann ist Ihre Mutter doch wenigstens nicht allein.»

«Sie vertragen sich nicht besonders gut. Insofern war es Unsinn, dass wir in Freiburg gelandet sind. Man wusste damals eben nicht, wohin. Außerdem lebt meine Tante jetzt in der Schweiz. Im Tessin.»

«Da hat Ihre Mutter natürlich nichts von ihrer Schwester.»

«Wie gesagt, sie vertragen sich nicht. Der Mann meiner Tante war Jude, und sie hat sich von ihm scheiden lassen. Aber sein Geld hat sie behalten.»

«Und der Mann …»

«Wir haben nie wieder von ihm gehört. Und damit wird meine Mutter nicht fertig. Ihr Mann ist wegen Hitler tot, ihr Schwager wurde von den Nazis umgebracht. Und ihre Schwester ist immer noch eine reiche Frau. Sie hat das Geld damals in die Schweiz gebracht. Sie hat gesagt, sie müsse es für ihren Mann aufheben, für später, wenn er wieder bei ihr sein könnte. Da behaupten Sie mal das Gegenteil. Inzwischen hat sie einen Schweizer geheiratet, viel jünger als sie, aus der französischen Schweiz, den interessiert es nicht weiter, wo ihr Geld herkommt. Sie ist eine sehr attraktive Frau, das muss man ehrlicherweise zugeben.»

«Eine seltsame Geschichte», sagte Judith nachdenklich.

«Eine Familiengeschichte halt. Die sind nicht immer schön.»

Auf der Höhe der Kupferkanne blieben sie stehen, Judith blickte wieder hinaus aufs Watt, dann wies sie mit der Hand nach Süden.

«Sehen Sie die Kirche? Das ist St. Severin in Keitum. Da müssen wir auch mal hin. Keitum ist der schönste Ort auf der Insel. Da gibt es Bäume und Gärten voller Blumen.»

«Morgen?», fragte er. «Gehen wir morgen in den schönsten Ort der Insel?»

«Morgen geht es nicht. Da kommt ein Freund meines Vaters, der hat vor kurzem ein Haus in Kampen gekauft. Hier unten am Watt irgendwo. Das müssen wir besichtigen, und dann sind wir eingeladen zum Mittagessen.»

«Schade», sagte Florian.

«Wir werden Champagner trinken und Hummer essen», erzählte sie mitleidslos. «Ich esse sehr gern Hummer. Sie auch?»

«Hab ich noch nie gegessen.»

«Ach, wirklich. Gibt es wohl in Freiburg nicht.»

«Wird es schon geben, aber nicht so alltäglich!»

«Ich bin sehr gespannt auf das Haus. Karin hat es schon gesehen, es soll ganz prachtvoll sein.»

«Und wie kann die Dame Mittagessen bereiten, wenn sie morgen erst ankommt?»

«Das tut sie ja nicht. Den Hummer liefert ‹Blum›, mit allem, was dazugehört.»

«Blum, aha.»

«Das ist der große Fischladen in Westerland. Da gibt es

verschiedene Soßen dazu und Salat, wenn man ihn bestellt, und frische Brötchen. Alles, was man braucht. Wenn wir in Westerland sind, zeige ich Ihnen den Laden mal. Und wenn wir in Keitum sind, können wir auch Hummer essen. Da gibt es gute Lokale, den ‹Fisch-Fiete› und das ‹Landschaftliche Haus›.»

Er machte ein leicht unglückliches Gesicht, und sie verstand sofort, was los war. Er konnte sie erstens nicht zum Hummer einladen, weil ihm das Geld dazu fehlte, und zweitens wusste er nicht, wie er mit dem Hummer umgehen sollte.

Während sie an den Pferdekoppeln entlang nach Kampen hineinspazierten, überlegte sie, wie sie das Problem lösen sollte. Einladen zum Hummeressen konnte sie ihn leicht, ihr Taschengeld war großzügig, und jetzt nach dem Abitur hatte sie ein eigenes Konto bekommen.

«Wir müssten auch unbedingt mal nach Rantum an den Strand fahren, also vor Rantum. Da ist der Strand am schönsten. Sie sind nicht mit dem Auto hier?»

«Nein, ich habe gar kein Auto.»

«Und ich noch nicht den Führerschein, das ist das Nächste, was ich jetzt mache. Sonst könnten wir uns den Wagen von meinem Vater leihen. Fahren können Sie aber?»

«Ja, doch.»

Tante Alisa hatte einen Wagen, mit dem durfte er fahren, wenn sie mal nach Freiburg kam. Sie hatte auch die Fahrschule für ihn bezahlt. Das war es eben: Zu ihm war sie immer nett gewesen. Was seine Mutter zusätzlich ärgerte.

Aber davon sprach er jetzt nicht. Er hatte sowieso schon viel zu viel von sich und seiner Familie erzählt.

«Irgendwie werden wir das hinkriegen», beschied sie schließlich. «Einiges von der Insel müssen Sie schon sehen. Wie lange wollen Sie eigentlich bleiben?»

«Na ja, wir wollten eine Woche bleiben oder so!»

Sie nickte. Sie verstand alles sehr genau.

Eine Woche wollten sie bleiben, er und sein Freund. Vier Tage waren sie schon da. Man konnte sich leicht ausrechnen, dass er kein Geld mehr hatte. Das Hotel war auf jeden Fall zu teuer für ihn.

«Was macht denn Ihr Freund? Studiert er auch?»

«Was bleibt ihm anderes übrig. Sein Vater ist Professor und erwartet von seinem Sohn, dass der auch einer wird. Jürgen hätte viel lieber ein Textilgeschäft.»

«Ein Textilgeschäft?»

«Ich sag halt so. Er interessiert sich für Mode. Am liebsten würde er Kleider entwerfen, so was in der Art.»

«Ach, ich verstehe. Haute Couture. Na, das ist doch nicht schlecht. Muss ja nicht immer aus Paris kommen. Obwohl es für ihn ganz nützlich wäre, in Paris in die Lehre zu gehen.»

«Es gibt in Freiburg auch hübsche Mädchen.»

«Warum soll es in Freiburg keine hübschen Mädchen geben? Aber Frankreich ist nun mal das Land der Haute Couture.»

«Neuerdings auch Italien», sagt Jürgen.

«Stimmt. Was ist denn sein Vater für ein Professor?»

«Geschichte, Mittelalter.»

«Ist ja prima, dann könnte ich ja bei dem studieren. Ich würde gern nach Freiburg gehen. Und hat der Vater Professor nichts dagegen, dass Jürgen in Berlin studiert?»

«Erstens hat er auch in Berlin studiert, und zweitens findet er, dass man sich gerade heute um Berlin kümmern muss, dass man es nicht der einsamen Verzweiflung überlassen darf. So drückt er sich aus.»

«War dann Jürgen auch ein Grund dafür, dass Sie in Berlin studieren?»

«Ja. Wir sind zusammen in die Schule gegangen.»

Sie waren jetzt beim Kaamp-Hüs angelangt, Florian blieb stehen und fasste nach ihrer Hand.

«Es ist seltsam, Judith», begann er zögernd, «ich meine, es ist mir noch nie passiert, dass ich mit einem Menschen so schnell vertraut geworden bin. Man kann mit Ihnen über alles reden. Ganz von selber.»

Sie lachte leise. «Es wird doch noch ein paar andere Leute geben, mit denen Sie vertraut reden können, Florian.»

«Nein. Und schon gar nicht nach so kurzer Zeit. Wir kennen uns seit gestern Abend. Das kommt mir ganz unwahrscheinlich vor.»

Sie blickte ihn nachdenklich an.

«Da haben Sie Recht. Mir kommt es auch unwahrscheinlich vor», sagte sie, Erstaunen im Klang der Stimme.

Schweigend gingen sie weiter. Kurz vor dem Hotel sagte er: «Schade, dass wir uns morgen nicht sehen können.»

«Übermorgen fahren wir ja nach Keitum. Und wenn mein Vater Ihnen das Auto nicht gibt, fahren wir eben mit dem Bus. Kein Problem. Wissen Sie, ich bin schon neugierig auf das Haus von Onkel Ferdinand. Das ist der Freund meines Vaters. Und so wie Karin es geschildert hat, muss es toll sein.»

«Ist Ferdinand auch Journalist?»

«Iwo, er ist ein Unternehmer aus dem Ruhrgebiet, hat einen Riesenbetrieb. Und ist klotzig reich. Manchmal hat mein Vater daran gedacht, sich ein Haus auf der Insel zu kaufen. Aber jetzt können wir immer bei Onkel Ferdinand wohnen, so oft ist der ja gar nicht da.»

«Gut, dass er das Haus jetzt noch nicht hatte.»

Sie fragte nicht, warum, sie kannte die Antwort.

Am Roten Kliff

Am nächsten Tag war das Wetter unfreundlich, Florian und Jürgen schlenderten zum Strand hinunter, waren beide etwas missgestimmt.

«Wir könnten ja hinüberfahren nach Keitum, wenn es dort so schön sein soll», schlug Jürgen vor.

«Das mache ich morgen mit Judith.»

«Wenn sie morgen noch Zeit für dich hat.»

«Wenn sie gesagt hat, sie tut es, dann tut sie es auch.»

«Das denkst du.»

«Sie ist nicht so eine wie deine süße Puppe.»

Die war Jürgen inzwischen los. Ein älterer Grauhaariger mit Mercedes war jetzt der Begleiter von ihr.

«Die Mädchen sind hier so, das hast du gleich gesagt.»

«Deswegen bricht mir noch lange nicht das Herz.»

«Es gibt halt solche und sone Mädchen.» Den Spruch hatte er in Berlin gelernt.

«Mit der pokerst du auf jeden Fall zu hoch.»

Jürgen kannte inzwischen den Namen von Judiths Vater

und wusste daher, wie bedeutend er im deutschen Pressewesen war.

Später saßen sie auf einem Hügel in der Heide und sahen zu, wie Karin, Judith und der Chefredakteur am Hotel abgeholt wurden, auch mit einem Mercedes, und außer Onkel Ferdinand war noch ein wohlgestalteter junger Mann dabei.

«Und wer soll das sein?», fragte Jürgen.

«Keine Ahnung.»

«Von dem hat sie nicht gesprochen?»

«Hat sie nicht.»

«Möglicherweise Ferdinand junior. Da hätten wir gleich einen passablen Schwiegersohn.»

«Unsinn.»

«Warum denn nicht. Er sieht doch gut aus. Und er hat sie geküsst.»

«Auf die Wange. Und das hat Onkel Ferdinand auch getan. Außerdem will sie studieren.»

«Studiert sie halt ein wenig. Schadet ja nichts. Die Kopeken sind da. Apropos Kopeken – was hältst du davon, auf dem Kliff nach Wenningstedt zu spazieren, ich hab da neulich eine nette Kneipe gesehen, und ich lade dich zum Essen ein. Bis zum Abendmenü dauert es mir zu lange.»

Jürgen war nicht so knapp dran wie Florian, der Vater Professor schickte ihm einen ganz passablen Scheck.

«Na gut, machen wir.»

Der Tag war dennoch unvorstellbar lang.

Nachmittags, als Florian im Hotel festgestellt hatte, dass Judith immer noch nicht zurück war, schlug er vor: «Wir könnten ja noch mal auf die Uwe-Düne steigen.»

«Da waren wir doch schon.»

«Aber jetzt weiß ich, warum sie Uwe-Düne heißt.»

«Deine Bildung macht gewaltige Fortschritte. Wer ist denn dieser Uwe?»

«Ein Freiheitsheld von Sylt. Uwe-Jens Lornsen. In Keitum steht sein Denkmal.»

«Welches du morgen besichtigen wirst. Also ich bleibe unten, wir sind lange genug herumgelatscht. Ich gehe zu Karlchen auf einen Drink.»

«Um dir wieder eine süße Puppe anzulachen.»

«Mal sehen.»

Florian stieg also allein auf die Düne, er war zu rastlos, um sich irgendwo hinzusetzen.

Der Himmel war voller Wolken, oben blies ein heftiger Wind. Das war ihm gerade recht.

Er dachte über seine Gefühle nach und über das Mädchen, das er gerade zwei Tage lang kannte und das er vermisste, weil er sie an diesem Tag nicht gesehen hatte oder eben nur aus der Ferne. Er wollte sie aber aus der Nähe sehen, ganz nah dieses Gesicht, das ihm schöner erschien als jedes Gesicht, das er bisher gesehen hatte. Ihr Lächeln wollte er sehen, ihre Stimme wollte er hören.

«Verdammt noch mal! Verdammt, verdammt – ich habe mich verliebt.»

Er schrie es laut in den Wind hinaus, er war ganz allein hier auf dem höchsten Punkt der Insel, da war nur der endlose Himmel, das endlose Meer.

Nur nicht übertreiben, sprach er sich selber Mut zu, schließlich hatte er sich schon öfter mal verliebt.

Nein. Hatte er nicht. Er versuchte an die Mädchen und Frauen zu denken, die bisher eine Rolle in seinem Leben gespielt hatten, aber er konnte sich nicht mehr an sie erinnern, sah nicht ihre Gesichter, hörte nicht ihre Stimmen. Sie waren ausgelöscht aus seinem Gedächtnis. In drei Tagen war der Urlaub vorbei, dann müsste er abreisen. Das Hotel war ausgebucht, wie er wusste, und es war ihm sowieso zu teuer. Vielleicht könnte er eine andere Bleibe finden, ein kleines Zimmer in einer bescheidenen Pension. Aber er hatte auch gar keine Zeit mehr, er musste sich auf sein Staatsexamen vorbereiten. Wenn er anderswo wohnte, könnte er sie nicht beim Abendessen sehen. Aber am Tage könnte er sie treffen, das schon.

Und dann sah er sie nicht einmal an diesem Abend, der Vater, die Mutter und Judith erschienen nicht im Restaurant.

«Na, das muss aber ein großer Hummer gewesen sein», spottete Jürgen.

«Vielleicht sind sie abgereist», sagte Florian unglücklich.

«Warum denn das?»

«Es kann ja eine wichtige Neuigkeit geben, es kann irgendetwas passiert sein und man braucht einen Chefredakteur.»

«Vielleicht sind sie auch gleich bei Onkel Ferdinand eingezogen, wenn der doch so ein hübsches Haus hat. Ich werde gleich mal bei der Rezeption nachfragen.»

«Lass das lieber. Man wird dir keine Auskunft geben.»

«Warum denn nicht? Ich bin schließlich auch Gast dieses feinen Hauses. Kann mich doch mal nach Bekannten erkundigen.»

Eine Stunde später, es dämmerte schon, der Wind hatte noch zugenommen, verließ Florian das Hotel, er konnte einfach nicht in der Halle herumsitzen, er hatte keine Lust in die Bar zu gehen, und gerade, als er unschlüssig stand und überlegte, wohin er gehen könnte, kam der Mercedes von Onkel Ferdinand herangerollt. Diesmal saß der Junior am Steuer. Alle stiegen aus, sie lachten, redeten, waren bester Laune, Judith auch, sie bemerkte ihn gar nicht, schien überhaupt nicht zu sehen, dass er da stand, regungslos und stumm.

Stumm, so war es. Er ärgerte sich, als sie ins Haus gegangen waren. Hätte er nicht wenigstens guten Abend sagen können?

Vielleicht hatte sie ihn wirklich nicht gesehen, es war schon ziemlich dunkel, nicht mal die schöne Luna ließ sich sehen. Am besten wäre er gleich da oben auf der Düne geblieben. Stattdessen stand er hier mit dummem Gesicht. Stand da, als sei er gar nicht vorhanden. Jedenfalls für Judith war er nicht vorhanden.

Diesmal hatte der Junior sie auf beide Wangen geküsst, Mama Karin dagegen die Hand. Hatten sie ihm im Ruhrpott wohl nicht beigebracht, dass man einer Dame nicht die Hand unter freiem Himmel küsst.

Das Abendessen war eigentlich schon vorbei, sie waren sehr pünktlich in diesem Hotel. Aber diese Gäste bekamen sicher nachserviert, wenn sie das wollten. Falls sie nicht schon zu Abend gegessen hatten, diesmal vielleicht Kaviar.

Sie hätte ihn sehen müssen, er stand ja gleich neben der Tür und aus dem Hotel fiel das Licht auf ihn, oder etwa nicht?

Sie wollte ihn gar nicht sehen, das war es.

Herrgott noch mal, er benahm sich wie ein Blödian. Stand hier und räsonierte vor sich hin. Besser er ging jetzt auf die Suche nach Jürgen.

Aber statt nach Kampen hinein, ging er den schmalen Weg über die Heide, Richtung Meer, bis hinauf zum Roten Kliff.

Stand da, einsam und verloren, der Wind hatte zugenommen, war schon fast Sturm, das Meer unten tobte, kein Mond, kein Stern, nun war es schon ganz dunkel.

Plötzlich spürte er eine Hand auf seinem Arm.

«Was machen Sie denn hier oben ganz allein?»

Er verstand sie gar nicht, der Wind riss ihr die Worte von den Lippen.

Er griff nach ihrer Hand, nach ihrem Arm.

«Was machen Sie hier?», rief sie lauter.

«Ich warte auf dich», schrie er zurück. Und dann legte er beide Arme um sie, zog sie an sich, küsste sie.

Er küsste sie, das war ganz selbstverständlich, konnte gar nicht anders sein, sie schien es auch so zu empfinden, sie wehrte sich nicht, stieß ihn nicht zurück, erwiderte seinen Kuss. Einmal bog sie den Kopf zurück, er sah das Leuchten ihrer Augen, sah den leicht geöffneten Mund, und dann küssten sie sich wieder, lange, und noch einmal. Noch einmal.

«Du bist so lange nicht gekommen», sagte er in ihr Ohr.

«Ja, es hat lange gedauert. Aber warum läufst du fort, wenn ich komme?»

«Ich dachte, du willst mich nicht sehen.»

Sie löste sich aus seinen Armen, hob beide Hände und schob ihn ein Stück zurück.

«Weil du das denkst, muss ich hier über die holprige Heide laufen. Das ist mit diesen Schuhen gar nicht so einfach.» Sie hob ein Bein, sie trug weiße Schuhe mit hohen Absätzen, das hatte er mittags schon gesehen, es war ihm aufgefallen, denn es war nicht üblich auf dieser Insel.

«Und für mich bist du bis hier heraufgelaufen», sagte er gerührt und nahm sie wieder in die Arme. Ließ sie aber gleich wieder los.

«Du bist auch viel zu dünn angezogen, der Wind ist kalt.»

Sie trug ein weißes Leinenkostüm mit einem kurzen Jäckchen.

«Dann musst du mich eben wärmen», sagte sie.

Nach dem nächsten langen Kuss sagte er in ihr Ohr: «Ich meine das ganz ernst. Ich liebe dich. Ich werde dich immer lieben.»

«Mein Gott», flüsterte sie. «Das kannst du doch gar nicht wissen.»

«Was hast du gesagt?»

«Du kennst mich erst zwei Tage», rief sie nun laut.

Zweifellos war ein Gespräch über Liebe, hier oben auf dem Kliff, bei Sturm und rauschender See, schwer zu führen, es entbehrte der leisen Töne, des Geheimnisses, der scheuen Hingabe, mit einem Wort, es entbehrte jedweder Nuance.

Er sagte nur: «Ich habe es sofort gewusst.»

«Was hast du gewusst?»

«Dass du es bist. Und dass du es für immer sein wirst.»

Küssen war auf jeden Fall einfacher als Reden.

Plötzlich schrie sie auf.

«Da! Sieh mal!»

Sie wies mit dem Arm hinaus aufs Meer. Weit draußen, da wo der Horizont sein musste, erschien ein glühendroter Streifen. Die Wellen konnten ihn nicht erreichen, es war die Sonne, und obwohl die Erde sich längst von ihr fortgedreht hatte, schickte sie ihr brennendes Zeichen, zeigte, dass sie da war, dass sie bleiben würde, ganz egal was aus der lächerlichen Erde würde.

«Sie hat uns ein Zeichen geschickt, ehe sie unterging», sagte Judith.

«Sie geht nicht unter», erwiderte er leise.

«Ja, ich weiß, wir gehen unter. Tauchen in die Nacht hinein. Ich betrachte es als einen Gruß der Sonne. Aus!»

Da waren sie schon auf dem Weg zurück ins Hotel, sie konnten reden, ohne zu schreien, das tobende Meer blieb zurück.

Er führte sie sorgsam am Arm, betrachtete jeden Zentimeter auf dem Boden genau, warnte sie vor Unebenheiten.

Sie stieß ihn schließlich zurück.

«Ich sehe das selbst sehr gut. Ich bin neunzehn, nicht neunzig.»

«Gut. Aber wenn du neunzig bist, werde ich dich genauso sorgsam führen.»

Sie blieb stehen.

«Wenn ich neunzig bin ... Wie alt bist du denn da?»

«Sechsundneunzig.»

«Na, ist ja toll. Philomen und Baucis. Im Allgemeinen haben Frauen eine längere Lebenserwartung als Männer.»

«Vielen Dank. Und wer soll dich dann führen?»

«Das weiß der Himmel. Neunzig!»

Sie stand und schüttelte den Kopf.

Griff sich an die Stirn.

«Im Rechnen war ich immer schlecht. Neunzig, das wäre, warte mal, das wäre im Jahr 2040. Du bist total verrückt.»

«Das bin ich», stimmte er zu. «Du bringst das fertig, Judith.»

«Da sind wir längst alle tot. Bis dahin haben die Russen uns ausgerottet.»

«Das tun sie nicht.»

«Das tun sie doch. Es wird nicht lange dauern bis zum nächsten Krieg. Da hilft uns die Sonne nicht, sie schon gar nicht, und nicht einmal meine Luna.»

«Du denkst, es gibt Krieg?»

«Wer denkt das nicht?»

«Die Amerikaner werden uns beschützen.»

«Dass ich nicht lache. Zurzeit rüsten sie auf beiden Seiten wie wahnsinnig. Deine wunderbare Mondlandung kann uns nicht retten. Der Mond ist nur ein Nebenschauplatz. Nur so eine Prestigeangelegenheit. Der Krieg findet auf dieser dämlichen Erde statt. Jedenfalls für uns.»

«Es gibt keinen Krieg. Nicht hier bei uns.»

«Woher willst du das wissen?»

Sie waren nun nahe am Hotel, es war hell, die Laternen vor dem Hotel machten es möglich, dass sie sich ansehen konnten. Er lachte, ein bisschen verlegen.

«Meine Mutter weiß es.»

«Aha. Und wie das?»

«Ja, sie hat da so eine ... wie soll ich das nennen, sagen wir mal, eine Marotte. Sie geht gelegentlich zu einer Wahrsagerin. Und die hat gesagt, es gibt keinen Krieg zwischen Russland und Deutschland.»

«Das beruhigt mich ungemein.»

Sie standen vor dem Hotel, etwas ratlos, wussten nicht, wie es weitergehen sollte.

Er schaute auf seine Uhr.

«Es ist schon zehn. Bleibt es bei unserer Verabredung für morgen?»

«Das weiß ich noch nicht. Ich bin etwas, na, sagen wir mal, etwas durcheinander.»

«Ich liebe dich. Dabei bleibt es, nicht wahr? Und später werden wir heiraten. Ich mache jetzt das erste Staatsexamen, dann bin ich Referendar. Und dann ...»

Er verstummte, schaute hinauf in den dunklen Himmel.

«Und dann machst du irgendwann das zweite Staatsexamen und dann ... was dann?»

«Sobald ich ausreichend verdiene, werden wir heiraten.»

«Aha. Wie viel ist ausreichend?»

Das klang sehr kühl.

«Das kommt darauf an», sagte er unsicher. «Das heißt, es kommt darauf an, was du darunter verstehst.»

Nun musste sie lachen. «Das kann man heute noch nicht wissen. Auf jeden Fall bist du ein Mann mit Tempo. Also wirst du wohl bald ausreichend verdienen.» Das Wort ausreichend betonte sie spöttisch. «Immerhin bedanke ich mich für den Heiratsantrag. Es ist der erste meines Lebens.»

«Du lachst mich aus.»

«Aber nein. Es war ein ganz besonderer Tag heute.»

«Für mich war bloß der Abend besonders.»

Sie lächelte, nun wieder ganz gelassen, ganz sie selbst.

«Es war ein schöner Abend», sagte sie freundlich. «Irgendwie ist es wirklich etwas Besonderes mit dir. Neulich der Mond und heute die untergehende Sonne. Spar dir deine Belehrung. Sie ist nicht untergegangen, es sieht bloß so aus. Kommst du nicht mit hinein?»

«Nein, ich bin … also, ich bin … also, ich gehe noch ein Stück spazieren. Bekomme ich einen Abschiedskuss?»

«Natürlich.» Sie küsste ihn leicht auf die Wange.

«Bleibt es morgen bei der Fahrt nach Keitum?», fragte er noch einmal.

«Mal sehen», sagte sie.

Nachdem sie das Hotel betreten hatte, blieb sie eine Weile stehen. Ein wenig benommen, ein wenig verwundert und alles in allem ernüchtert.

Sie holte ihren Schlüssel an der Rezeption, und der Herr hinter dem Pult sagte freundlich: «Ihr Eltern sind in der Bar.»

Judith nickte und seufzte. «Das dachte ich mir schon.»

Der Vater hatte ein Glas Rotwein vor sich auf dem Tisch stehen, daneben eine aufgeschlagene Zeitung. Karin trank, dem Glas nach, Cognac, ein Buch lag neben ihr auf dem Sofa. Gelesen hatten sie offenbar beide nicht, sie blickten ihr entgegen.

«Na, na, na», machte Judith. «Habt ihr heute nicht genug getrunken?»

«Wir haben auch reichlich gegessen», antwortete ihr Vater. «Und du hattest wohl noch Verlangen nach frischer Luft.»

Das war keine Frage.

158

«Irgendwie ja», antwortete Judith vage.

«In dem Fummel», sagte Karin. «Es ist doch ziemlich kalt draußen.»

«Kalt ist es nicht, aber stürmisch.»

Dann musste sie selbst über ihre Antwort lachen. Stürmisch war es gewesen, in zweifacher Hinsicht.

Sie war wieder auf der Erde gelandet, und auf einmal kam sie sich lächerlich vor. Ein paar Fragen musste sie wohl beantworten. Am liebsten wäre sie in ihr Zimmer gegangen, einerseits. Andererseits war sie froh, hier zu sein, sie fühlte sich geborgen, gerettet vor dem Sturm, vor diesem und jenem.

«Also möchtest du nichts mehr trinken?», fragte ihr Vater.

«Doch. Am liebsten einen Grog.»

«Also war es doch etwas kühl», sagte Karin. «Konntest du nicht eine warme Jacke anziehen?»

«Ich bin so schnell losgelaufen, da habe ich gar nicht daran gedacht.»

«Scheint ja neuerdings eine Spezialität von dir zu sein», sagte ihr Vater sachlich.

Er winkte dem Barmann, und als der kam, bestellte er einen Grog.

«Kalt ist es wirklich nicht», plauderte Judith weiter, als niemand sie fragte. «Aber sehr windig. Und das Meer ist ganz wild. Aber es gab noch ganz zum Schluss einen Sonnenuntergang. Das heißt, es erschien ein schmaler dunkelroter Streifen, ganz hinten am Ende des Meeres.»

Ihr Vater verzog das Gesicht.

«Ja, ich weiß schon. Kein Sonnenuntergang, nur der Widerschein der Sonne am Horizont, ganz am Ende.»

«Das muss hübsch gewesen sein», sagte Karin freundlich.

«Es war nicht nur hübsch, es war ganz toll.» Sie schwieg und überlegte. «Toll war es überhaupt», fügte sie hinzu.

«Du warst also oben auf dem Roten Kliff.»

Wieder kam keine Frage.

«Ja. Und ich war nicht allein.»

«Das haben wir uns schon gedacht. Der junge Mann gefällt dir anscheinend recht gut.»

«Wie man's nimmt. Ja, doch. Aber er ist so … so emotional.» Als sie das Wort ausgesprochen hatte, fand sie selber, dass es albern klang.

«Du meinst wohl zu gefühlsbetont», sagte ihr Vater.

«Das trifft es besser.»

Sie schwieg, bis der Barmann das kleine Tablett vor sie hingestellt hatte. Ein Glas mit heißem Wasser, daneben in einem anderen Gefäß mit heißem Wasser das kleine Fläschchen Rum. Sie tat ein wenig Zucker in ihr Glas, verrührte ihn und leerte dann das Fläschchen mit dem Rum hinein. Noch während sie es tat, merkte sie, dass sie nicht den geringsten Appetit auf Grog hatte. Irgendwie passte es nicht zu diesem Abend.

«Eigentlich hätte ich lieber ein Glas Sekt trinken sollen», sagte sie. «Er liebt mich, und er will mich heiraten.»

«Wenn du damit einverstanden bist, wäre das natürlich angemessen.»

«Ach, Paps, nun machst du dich noch lustig über mich. Kannst du dir nicht vorstellen, dass ich heirate?»

«Irgendwann gewiss. Aber es eilt ja nicht so.»

«Drum siehst du so zerzaust aus», sagte Karin.

«Das kommt vom Wind. Na ja, auch vom Wind. Ich könnte ja eben mal hinaufgehen und mir die Haare kämmen.»

«Und vielleicht den Lippenstift benutzen», schlug ihre Mutter vor.

«Von mir aus kann sie bleiben, wie sie ist», sagte ihr Vater liebevoll. «Sie sieht aus wie eine Meerjungfrau.»

«Wieso Jungfrau», sagte Karin. «Mehr wie eine Frau von diesem Meereskönig Ekke Nekkepenn.»

Sie lachten alle drei, Judith nippte an ihrem Grog, er war heiß und schmeckte doch gut.

Keiner hatte sie gefragt, keiner hatte ihr Vorhaltungen gemacht, höchstens weil sie keine warme Jacke angezogen hatte.

Sie hatte von selber alles erzählt, und was sie nicht erzählt hatte, konnten sich ihre Eltern vorstellen.

«Immerhin hat dieser junge Mann ein erstaunliches Tempo am Leib. Was macht er denn eigentlich?»

«Er studiert. Jura. Und macht als Nächstes sein erstes Staatsexamen. Dann ist er Referendar.»

«Aha. Und da kann er sich schon eine Ehe leisten. Mit einem ziemlich verwöhnten Mädchen.»

«Muss ja nicht gleich sein. Und dass mir sein Tempo nicht passt, habe ich ihm auch gesagt.»

«Und du hättest nichts dagegen, ihn zu heiraten?» Das war nun doch eine Frage.

Die Antwort übernahm Karin. Sie lachte und sagte: «So habe ich mir immer eine glückliche Braut vorgestellt.»

«Jetzt nennst du mich Braut. Das fehlt mir gerade noch.

Ich kann mich verlieben, nicht wahr? Aber deswegen muss ich noch lange nicht heiraten. Am liebsten möchte ich mich öfter verlieben. Es ist doch eigentlich ganz nett.»

Judith kicherte albern. Und gleich darauf ärgerte sie sich darüber, dass sie alles erzählt hatte. Hätte sie sich nicht wie ein erwachsener Mensch zu ihren Eltern setzen können, vom Meer und dem Wind und dem Sonnenstreifen reden können, auch vielleicht noch über Onkel Ferdinand und sein schönes Haus. Stattdessen sprach sie von Liebe und dass einer sie heiraten wollte, der sie gerade vor drei Tagen zum ersten Mal gesehen hatte. Vielleicht hatte er sie schon öfter gesehen, aber er hatte nicht mit ihr gesprochen. Und wenn dieser Florian schon so ein Emotionsbündel war, eben irgendwie verliebt, das konnte ja sein, das war ja ganz in Ordnung, aber warum musste sie so dämlich darüber quatschen.

Sie blickte unsicher ihren Vater an, doch der hatte wieder die Zeitung in der Hand, die Heirat seiner Tochter interessierte ihn nicht sonderlich.

Karin lächelte und sagte: «Also ich geh jetzt ins Bett. Der Tag war lang genug. Getrunken, gegessen und viel geredet. Mir langt es jetzt.»

«Ich seh schon, meine Heirat interessiert euch nicht im Geringsten», sagte Judith erbost.

«Aber gewiss doch, interessiert uns sehr», sagte Karin. «Aber so schrecklich eilt es ja nicht. Man kann doch nicht von heute auf morgen wissen, ob Liebe wirklich Liebe ist.»

«Ach? Und wie war das bei dir? Angeblich hast du vom ersten Augenblick an gewusst, dass du Paps liebst. Nur ihn und keinen anderen.»

«Das war eine andere Zeit!»

«Das musst du mir mal verklaren. Eine andere Zeit und darum auch eine andere Art von Liebe?»

Ihr Vater ließ die Zeitung sinken und blickte beide Frauen an, seine Frau, seine Tochter.

«Soviel ich weiß, kennst du die Geschichte. Wie wir uns kennen gelernt haben.»

Judith kannte die Geschichte.

Es war 1945, der Krieg war noch nicht zu Ende. Ihr Vater hatte ihn fast die ganzen Jahre mitgemacht. Nachdem er als junger Reporter einen ziemlich despektierlichen Artikel über das Regime geschrieben hatte, bekam er keine Anstellung mehr. «Das kam durch meine kommunistische Vergangenheit. Das ist damals so wie heute, wenn man jung ist, muss man versuchen, die Welt umzustürzen.»

Er arbeitete dann bei einem Verlag, oft bei der UFA, bis der Krieg begann. Da hatte er gerade sein Studium wieder aufgenommen, das er 1934 abgebrochen hatte.

1945 war er nach einer Verwundung nach Berlin beordert worden, wo er, wie er sich ausdrückte, «damit beschäftigt war, die Frauen und Kinder auszugraben, die die Amerikaner und Engländer mit ihren Bomben umgebracht hatten.»

Als die Russen in Berlin einmarschierten, beschloss er, den Krieg zu beenden, jedenfalls soweit es seine Person betraf. An Straßenkämpfen in seiner Heimatstadt wollte er sich nicht beteiligen. Ein Unterschlupf musste gefunden werden, möglichst weit im Westen.

Er fand draußen an der Havel ein freistehendes Haus neben

einer geschlossenen Gaststätte. Das Haus wirkte leer und verlassen, nicht einmal die Rollos waren heruntergelassen. Doch ein Fenster war eingeschlagen. Durch dieses kletterte er in das Haus, blickte sich sorgfältig um, sah hübsch eingerichtete Räume, ordentlich und aufgeräumt. In der Küche fand er ein Stück Brot, ein Ende Wurst, etwas Butter. Als er schließlich noch den Keller inspizierte, staunte er nicht schlecht. Da waren hohe Schränke mit Gläsern voll Eingemachtem, Gemüse, Obst, auch Fleisch. Und Regale voller Weinflaschen. Französischer Cognac, französische Liköre, sogar Champagner.

Wer immer das Fenster eingeschlagen hatte, gestohlen hatte der nicht.

Die Bewohner des Hauses waren zweifellos geflüchtet. Bis die Russen hier heraus kämen, könnte es noch eine Weile dauern. Also beschloss er, erst einmal zu bleiben. Zog die Uniform aus, duschte, was eine Wohltat war, machte kein Licht, als es dunkel wurde, legte sich in einem der Zimmer ins Bett und schlief sofort ein.

Es war, wie sich später herausstellte, Karins Bett.

Karin und ihre Mutter Henriette, genannt Rita, kehrten schon in der Nacht in ihr Haus zurück.

Sie hatten es in Panik verlassen, als sie im BBC gehört hatten, dass die Russen in Berlin einrückten, dass es zu Straßenkämpfen kommen würde. Ritas Bruder, dem die Gaststätte nebenan gehörte, ein beliebtes Ausflugslokal, war bereits vor einigen Wochen aus Berlin geflohen, er wollte nach Bayern, zusammen mit seiner Frau und den Kindern. Die Vorräte im Keller stammten von ihm.

Rita weigerte sich, Berlin zu verlassen, sie wartete auf

Nachricht von ihrem Mann, den man vor einem Jahr einge-zogen hatte, er war ein bekannter Fotograf und arbeitete als Bildreporter bei der Wochenschau. Und von ihrem Sohn, Ka-rins Bruder, der irgendwo in diesem Krieg steckte, hatte sie auch lange nichts gehört.

Sie hatten die Absicht, zu Bekannten nach Neuruppin zu fahren, aber es war unmöglich, aus der Stadt herauszukom-men, es fuhr keine S-Bahn, kein Zug, es gab immer wieder Bombenalarm. Sie hatten fast den ganzen Tag in einem Bun-ker verbracht und kehrten nun völlig genervt in ihr Haus zu-rück.

Das eingeschlagene Fenster irritierte sie nicht weiter, das hatte ein eifriger Luftschutzwart vor einigen Tagen zertrüm-mert, weil sie seiner Meinung nach nicht ordentlich verdun-kelt hatten. Was Ritas Meinung nach nun wirklich keine Rolle mehr spielte.

Der schlafende Mann in Karins Bett erstaunte sie aber doch. Ein deutscher Soldat, das erkannten sie an der Uni-form, die unordentlich auf dem Boden lag. Der Schlafende fuhr hoch, als die Damen das Zimmer betraten.

Diese Geschichte kannte Judith genau. Natürlich hatte Ka-rin Recht, das war eine andere Zeit, eine andere Art, wie Liebe beginnen konnte, nicht vergleichbar mit ihrer Knut-scherei auf dem Roten Kliff.

Sie hatte nicht die geringste Lust, mit diesem Florian mor-gen nach Keitum zu fahren. Eine Ausrede würde ihr schon einfallen.

«Kann ich noch einen Grog haben?», fragte sie.

«Ist dir immer noch kalt?»

«Mir war überhaupt nicht kalt», sagte sie, Trotz in der Stimme. «Es schmeckt mir nur.»

«Bitte sehr», sagte ihr Vater und winkte dem Barmann.

Der Anfang vom Ende

Am nächsten Morgen kamen sie ziemlich spät zum Frühstück, Florian und Jürgen waren schon fertig, saßen aber noch auf ihren Plätzen, und auf Jürgens Frage: «Also was machen wir heute?», hatte Florian geantwortet: «Weiß ich noch nicht.»

Als Karin mit ihren Eltern den Frühstücksraum betrat, erhob er sich unbeholfen ein wenig und machte eine kleine Verbeugung.

Karin lächelte ihm zu, von Judith kam keine Reaktion.

Jürgen gab ihm einen Knuff.

«Nun benimm dich nicht wie in einer Tanzstunde im vorigen Jahrhundert.»

Das Wetter war wieder besser geworden, doch Florian war nicht zu bewegen, mit hinunter an den Strand zu gehen. Die beiden jungen Männer lungerten vor dem Hotel herum, und es dauerte fast eine Stunde, bis Judith kam.

«Nun», fragte sie lässig, «keine Lust zum Baden heute?»

«Du hattest doch gesagt, ich meine, Sie hatten doch gesagt, wir würden heute nach Keitum fahren.» Kein Zweifel, Florian war höchst verunsichert.

«Stimmt», sagte Judith freundlich, «das habe ich gesagt. Wenn du Lust hast, besichtigen wir Keitum heute. Da blühen jede Menge Rosen, da gibt es wunderschöne Friesenhäuser, und wenn du magst, lade ich dich zum Essen in das Landschaftliche Haus ein. Oder zum Fisch-Fiete. Hier», sie zog einen Hundertmarkschein aus der Hosentasche, «hat mir mein Vater mitgegeben, denn er meint, Keitum, ohne dort Mittag zu essen, wäre eine verkorkste Angelegenheit.»

In Florians Gesicht ging die Sonne auf.

Man konnte nicht sagen, dass er sich um sie drehte, sie ging auf, ganz von selbst.

«Aber das ... das», stammelte er, «ist ja wunderbar.»

«Darf ich mitkommen?», fragte Jürgen artig. «Ich bezahle mein Essen auch selbst.»

«Ich denke, das reicht für uns drei», erwiderte Judith, ganz Herrin der Situation. «Ich dachte mir sowieso, dass du uns begleitest, Jürgen.»

Sie duzte ihn nun auch, ganz selbstverständlich.

Jürgen betrachtete Judith sehr genau. Er verstand seinen Freund auf einmal viel besser. Und an seine süßen Puppen konnte er gar nicht mehr denken.

Es wurde ein schöner Tag für alle drei, ganz ohne Hektik, ohne Liebessturm, nur manchmal fasste Florian nach Judiths Hand, die sie ihm bereitwillig überließ.

Sie zeigte ihnen den Ort, die alten Friesenhäuser, das Denkmal des Uwe Jens Lornsen, die Gärten voller Rosen, die hohen Kastanien, die Allee mit den Ulmen.

«Das ist das Besondere an Keitum», erklärte sie, «dass es hier Bäume gibt und Blumen. Die Ostseite der Insel ist ganz anders als der stürmische Westen. Hier leben noch echte Sylter, und ich hoffe, sie werden hier nicht so einen Plunder hinbauen wie in Westerland. Es ist sowieso nicht erlaubt, höher als ein Stockwerk zu bauen.»

«In Kampen doch auch nicht», warf Jürgen ein.

«In Kampen auch nicht. Sie haben gemerkt, was sie aus Westerland gemacht haben. Allein der Verkehr dort ist schrecklich. Wie ich neulich schon sagte, es wäre besser, es gäbe den Hindenburgdamm nicht, dann würden nicht so viele Autos auf die Insel kommen.»

«Aber dann würden die Sylter nicht so viel Geld verdienen.»

«Auch wieder wahr. Mein Vater sagt, es ist ja sehr schön, dass die Deutschen nun wieder so viel Geld haben, nach diesem fürchterlichen Krieg. Aber sie zerstören auch vieles damit.»

«Genau genommen», sagte Jürgen, der nun allein das Gespräch führte, Florian spürte nur ihre Hand in seiner, «haben die Deutschen noch nie viel Geld gehabt, jedenfalls nicht seit dem Ersten Weltkrieg.»

«Zuvor wohl auch nicht.»

Und dann kam eine überraschende Frage von ihr. «Wenn ihr doch beide in Berlin studiert, beteiligt ihr euch eigentlich an den Studentenrevolten?»

«Nö», sagte Jürgen. «Tun wir nicht. Weißt du, ich war vergangenes Jahr in Paris. Mein alter Herr hatte mir eine Reise nach Paris spendiert. Das war während der dortigen Revolten. Ich fand es grässlich, diese Zerstörungswut, dieser Fanatismus. Genügt es nicht, was in diesem Jahrhundert passiert ist? Es geht uns doch gut. Was wollen wir denn noch?»

«Dir hört man an, dass du aus Baden kommst», sagte Judith.

«Warum auch nicht? Meine ganze Familie war immer dort.»

Und dann begann er von seiner Familie zu erzählen, seinem Vater, dem Herrn Professor, seiner Mutter, aus dem Schwarzwald stammend, seinen beiden Schwestern. «Bei uns im Haus wird viel gesungen. Und wenn wir nicht selber singen, laufen Platten.»

«Was denn?»

«Mozart am meisten. Und Schubertlieder, das ist für meinen Vater das Höchste.»

Plötzlich begann Judith zu singen.

«Ich frage keine Blume, ich frage keinen Stern. Sie können mir alle nicht sagen, was ich erführ so gern ...»

Jürgen fiel ein, er kannte das Lied auch.

Florian kannte es nicht. Er war zum ersten Mal eifersüchtig auf Jürgen. Der verstand es viel besser als er, mit Judith zu sprechen. Er fasste wieder nach ihrer Hand und hielt sie fest. Und er dachte: Ob sie heute Abend wieder mit mir aufs Rote Kliff kommt? War es nur dort möglich, ihr zu sagen, dass er sie liebte?

Sie wanderten am Watt entlang, stiegen bei der Kirche hinauf und besichtigten St. Severin.

Später spazierten sie in den Ort zurück und speisten wirklich im Landschaftlichen Haus, keinen Hummer, sondern Seezunge.

Als sie am Nachmittag nach Kampen zurückkehrten, waren sie redlich müde, sie waren viel gelaufen an diesem Tag.

Und Florian dachte wieder: Ob sie mit mir aufs Rote Kliff kommt?

Und gleichzeitig dachte er: Ich bin kindisch. Ich kann ihr doch auch hier sagen, dass ich sie liebe. Warum kann ich mich nicht wie ein normaler Mensch mit ihr in die Bar setzen und … und was?

Aber dort oben, über dem Meer, war es eben anders, eine besondere Atmosphäre. Und das Kliff gehörte nun einmal zu ihrer Liebe.

Während sie von der Bushaltestelle zum Hotel gingen, fasste er wieder nach ihrer Hand.

Sie zog die Hand zurück.

«Ich mag hier nicht Hand in Hand gehen», sagte sie abweisend.

«Ich wollte dich nur was fragen.» Sie blieben stehen.

«Was denn?»

«Gehen wir nachher noch hinauf zum Kliff? Nach dem Abendessen?»

«Ich finde, wir sind doch heute genug herumgelatscht. Bist du nicht müde?»

«Nein. Ich will mit dir allein sein.»

«Dazu brauchst du das Kliff doch nicht. Wir sind doch allein.»

Jürgen ging verständnisvoll weiter.

«Das ist doch nicht dasselbe», murmelte er.

«Du kannst mir hier auch einen Kuss geben.»

Er versuchte es, es wurde ein rascher, scheuer Kuss, den sie ebenso erwiderte.

«Es sind noch zu viele Leute unterwegs», sagte er.

170

«Stimmt. Aber auf dem Kliff bist du mir zu stürmisch.»

«Es ist kaum Wind heute, das merkst du ja.»

Sie lachte und ging weiter.

«Ich meinte nicht den Wind.»

«Und es gibt sicher einen schönen Sonnenuntergang.»

«Könnte sein. Warten wir mal ab, was wir später noch unternehmen. Wir könnten auch zum Tanzen gehen.»

Er blieb wieder stehen, höchst überrascht. Daran hatte er gar nicht gedacht.

«Bist du denn dazu nicht zu müde?»

«Vielleicht später nicht mehr. Kannst du denn gut tanzen?»

«Ich weiß nicht. Ich habe nie eine Tanzstunde besucht.»

«Du spinnst wohl. Wozu braucht denn ein moderner musikalischer Mensch eine Tanzstunde? Dazu noch bei dem, was heute getanzt wird.»

«Wo geht man denn da hin?»

«Hier wird doch überall getanzt. Am besten oben in der Kupferkanne, aber das ist noch ein weiter Weg. Frag halt mal deinen Freund, der weiß das bestimmt.»

Der Gedanke, mit ihr tanzen zu gehen, gefiel ihm. Dann könnte er sie wenigstens im Arm haben, manchmal wenigstens, zwischen dem Gehopse. Und er konnte ja nicht immer nur, Sonnenuntergang her oder hin, mit ihr oben auf dem Roten Kliff stehen.

Doch dann kam alles ganz anders. Onkel Ferdinand saß mit Frau und Sohn in der Bar und hatte ebenfalls Pläne für diesen Abend. Florian und Jürgen wurden ihm vorgestellt, Kupferkanne fand er gut, und er sagte gut gelaunt: «Sehr schön, dann haben wir wenigstens genügend Tänzer für unsere Damen.»

An der Rezeption jedoch überreichte der Portier Florian ein Telegramm. Er stand und las es, starrte in die Luft. Las es wieder, sagte: «O nein!»

Las es zum dritten Mal und stöhnte.

«Was ist denn los?», fragte Jürgen.

Judith, die mitgekommen war, weil sie sich zum Abendessen umziehen wollte, fragte: «Von wem ist es denn?»

«Mama», stieß Florian hervor. «Mama!»

Jürgen nahm ihm das Telegramm aus der Hand, las.

«Seine Mutter», sagte er zu Judith. «Sie liegt in der Klinik. Sie hat sich das Hüftgelenk gebrochen.»

«Mama!», rief Florian jetzt laut, Verzweiflung in der Stimme.

«Sie muss gestürzt sein», sagte Jürgen hilflos.

Alle drei kehrten in die Bar zurück und berichteten. Das heißt, Jürgen sprach, Florian stand stumm, und dann hob er beide Hände.

«Sie wird sterben», flüsterte er schließlich, Tränen liefen über sein Gesicht.

Er ist wirklich ein Emotionsbündel, dachte Judiths Vater.

«Unsinn», sagte Karin. «Daran stirbt man doch nicht.»

«Doch, ich weiß es», stammelte er. «Meine Großmutter ist daran gestorben.»

«Wann?», fragte Onkel Ferdinand ruhig. «Erzählen Sie mal!»

Er sah den jungen Mann freundlich an, versuchte ihn zum Sprechen zu bringen.

Florian schluckte, konnte nichts sagen.

«Das war 1950», antwortete statt seiner Jürgen. «Wir gingen gerade das erste Jahr in die Schule. Florian hat damals ... ich meine, er war sehr traurig über den Tod seiner Großmutter. Sie war auch ein Flüchtling aus Schlesien. Sie hatten es damals sehr schwer. Wir hatten es alle schwer, die Franzosen haben uns ziemlich drangsaliert.»

Judiths Vater hatte inzwischen einen Cognac für Florian bestellt, drückte ihm das Glas in die Hand.

«Trinken Sie das, bitte. Dann werden wir alles in Ruhe besprechen.»

Florian sah ihn dankbar an, nippte an dem Cognac.

Judith war versucht, nun doch seine Hand zu nehmen, aber sie unterließ es. Sie erinnerte sich daran, was er über seine Mutter erzählt hatte und dass er ein schlechtes Gewissen habe, weil er in Berlin studierte und sie allein ließ.

«Wer hat denn das Telegramm geschickt?», fragte sie.

Er sah sie an, ganz verstört, sah sie an, als sähe er sie zum ersten Mal.

«Die Nachbarin, die Frau Binder. Steht aber nicht drin, wie es passiert ist.»

Er sah die anderen an. «Entschuldigen Sie bitte», sagte er und nippte noch einmal an seinem Cognac.

«Es war ein großer Kummer mit meiner Großmutter», begann er zu sprechen. «Sie hatte ja alles verloren. Ihr schönes Haus in Breslau. Und ein großer Garten soll auch dabei gewesen sein, das hat Mama immer erzählt. Sie war dann in einem Flüchtlingslager. Bei den Russen.»

«Bei den Russen?», fragte Judiths Vater.

«Nein, nicht bei den Russen. In der Sowjetzone. Das, was heute DDR heißt. Es war sehr schwierig, sie in den Westen zu bringen. Das hat Mama geschafft, und sie war richtig stolz drauf. Anfangs lebten wir sehr beengt. Und hatten kaum was zu essen, das war 1947. Als wir dann endlich eine kleine Wohnung hatten und Mama verdiente, sie ging in ein Büro, da stürzte meine Großmutter eines Tages und brach sich das Hüftgelenk. Sie kam in eine Klinik, die Versorgung war miserabel, sie bekam eine Lungenentzündung, und fünf Tage später war sie tot.»

Er hatte sich so weit gefasst, dass er im Zusammenhang erzählen konnte, in monotonem Tonfall zwar, aber ganz vernünftig und verständlich.

Auch eine typische Nachkriegsgeschichte, dachte Judiths Vater, eine von vielen, eine von hunderttausenden, wer soll sie je beschreiben, wer sie je begreifen. Er hätte gern gefragt, wie die Mutter, aus Schlesien geflohen, sich in Freiburg gefühlt hatte. Aber es war jetzt nicht der Moment, Fragen zu stellen, die die Vergangenheit betrafen. Nun musste man fragen, wie die Gegenwart zu bewältigen wäre.

Florian wusste die Antwort. Er trank seinen Cognac aus und sagte entschlossen: «Ich muss sofort zu Mama fahren.»

«Das denke ich auch», sagte Karin. «Wir werden das gleich besprechen. Und bedenken Sie eins, Florian, es sind zwanzig Jahre vergangen. Soviel ich weiß, kann man Hüftgelenksbrüche heute sehr gut behandeln. Die Mutter einer Freundin von mir», sie sah ihren Mann und Judith an, «die Mutter von Elisabeth, ihr kennt sie, ist erst vor einem Jahr operiert worden. Sie musste eine Weile an Krücken gehen, aber heute läuft sie wieder sehr gut. Also, was machen wir nun?»

Sie sagte wir. Florian sah sie dankbar an, langsam hatte er sich beruhigt, konnte klar denken, klar sprechen.

«Ich muss sofort nach Hause.»

«Kein Problem», sagte Onkel Ferdinand. «Wir fahren Sie an den Bahnhof nach Westerland, Sie nehmen den Abendzug nach Hamburg», er blickte auf seine Uhr, «das schaffen wir leicht. Und in Hamburg bekommen Sie einen Nachtzug, zumindest bis Frankfurt, vielleicht auch bis Karlsruhe. Ich werde gleich den Portier fragen. Mir ist so, als gäbe es auch einen Zug nach Basel.»

«Habt ihr ordentlich gegessen?», fragte Karin und sah ihre Tochter an.

«Ja, natürlich. Seezunge.»

«Sehr schön. Wir lassen noch ein paar belegte Brote einpacken. Und wenn alles einigermaßen klappt, sind Sie morgen früh bei Ihrer Mama.» Sie lächelte. «Florian», fügte sie hinzu.

«Ich fahre selbstverständlich mit», sagte Jürgen. «Mein Vater hat gute Beziehungen in Freiburg. Damit wir den richtigen Arzt und die beste Klinik bekommen. Und sonst auch alles regeln können.»

Karin nickte ihm zu. Sie verstand, was er meinte. Alles regeln hieß auch, die finanzielle Seite zu bedenken.

«Es ist gut, wenn man einen Freund hat», sagte sie herzlich. «Für den Fall, dass man ihn braucht.»

Sie sah ihre Tochter an und fand, dass Judith ein dummes Gesicht machte. Von Liebe und Heirat war nicht mehr die

175

Rede. Und das, was sie gestern Abend in diesem Raum besprochen hatten, oder besser gesagt, worüber sie geplaudert hatten, erschien auf einmal höchst unwichtig.

«Es ist auch gut», fügte sie hinzu und sah immer noch ihre Tochter an, «wenn ein Mensch seine Mutter liebt.»

Judith erwiderte ihren Blick. Sie begriff. Ihr albernes Gerede vom vergangenen Abend bekam auf einmal ein anderes Gewicht.

Auf jeden Fall empfand Karin Sympathie für Florian.

Eine Stunde später saß Judith mit ihren Eltern beim Abendessen, später in der Bar. Onkel Ferdinand kam noch einmal zurück, erzählte, dass er die beiden Herren in den Zug gesetzt habe. Vom Tanzengehen war nicht mehr die Rede.

«Ein sehr netter junger Mann», sagte Onkel Ferdinand. «Beide. Ordentliche junge Leute. Sie studieren fleißig in Berlin.»

«Hast du dich danach erkundigt?», fragte Judiths Vater.

«Ja, ja. Der Vater von dem einen ist Professor in Freiburg. Der andere hat nur noch die Mutter.»

Und eine reiche Tante, hätte Judith am liebsten gesagt, aber sie verschwieg es. Das war eine hässliche Geschichte. Und man durfte den Abend nicht verderben durch eine hässliche Geschichte.

«Trinken wir noch ein Glas Rotwein», sagte Onkel Ferdinand.

«Hoffen wir, dass alles gut geht bei dem Jungen. Er gefällt mir gut. Kennt ihr ihn schon lange?»

«Seit wir hier wohnen», sagte Karin lässig. «Judith hat

176

sich sehr gut mit den beiden Jungs angefreundet. Immer kann sie ja nicht nur mit ihren Eltern durch die Gegend ziehen. Heute waren sie in Keitum.»

«Ja. War sehr nett», sagte Judith. Sie kam sich auf einmal übrig gelassen vor. Wie war das denn nun eigentlich mit der großen Liebe?

«Haben die Jungs ihre Adresse hier gelassen?», fragte ihre Mutter.

«Wozu denn?», sagte Judith, und es klang patzig. Jungs hieß das auf einmal bei ihrer Mutter. Es war mehr als lächerlich, was sie gestern Abend ihren Eltern erzählt hatte, als sie vom Roten Kliff zurückgekommen war. Sie bereute es jetzt.

«Die Adresse kann man ja vom Portier erfahren», sagte Onkel Ferdinand.

«Vermutlich die Adresse aus Berlin, nicht?», sagte Karin. «Da studieren die beiden doch.» Sie lächelte ihrer Tochter zu. «Vielleicht gibt er uns Bescheid hierher. Wir sind ja noch eine Woche da. Ich wünsche ihm von Herzen, dass es seiner Mutter bald wieder gut geht. Du doch sicher auch, Judith, nicht wahr?»

«Ja, natürlich», sagte Judith zerstreut.

«Er hat ja offenbar sonst keinen Menschen auf der Welt.»

Diese reiche Tante in der Schweiz, dachte Judith. Und eine Frau, die er liebt und heiraten will. Das bin ich, das war ich. Nie wieder geh ich da hinauf zu dem Roten Kliff. Heute nicht, morgen nicht, nie.

«Kann ich auch ein Glas Rotwein haben?», fragte sie.

Ihr Vater zog überrascht die Brauen hoch. Rotwein hatte sie bisher immer abgelehnt.

«Na, dann bleibe ich noch eine halbe Stunde», sagte Onkel Ferdinand. «Damit uns die trübe Stimmung vergeht.»

Seine Frau und den Junior hatte er schon nach Hause gefahren.

«Eigentlich», sagte Judith, «wollten wir ja heute Abend tanzen gehen.»

Karin blickte ihre Tochter prüfend an.

«Ist dir die Stimmung dazu nicht vergangen?»

«Doch. Klar. Fiel mir nur gerade so ein.»

Florian saß im Zug von Westerland nach Hamburg. Er entschwand aus Judiths Leben.

Sie trank ein zweites Glas Wein, war ein wenig beschwipst.

Die Herren sprachen über die letzten politischen Ereignisse und – was sonst – über die Mondlandung.

Wiedersehen am Roten Kliff

Es war den ganzen Tag über sehr warm gewesen, gegen Abend kamen Wolken, ein leichter Wind auf.

Judith betrachtete den Himmel nach allen Seiten. Hoffentlich würde es endlich einmal regnen. Der Boden im Garten war trocken, dabei hatte sie am Tag zuvor gesprengt. Die Blumen ließen schon wieder die Köpfe hängen.

Wahrscheinlich war doch etwas dran, an dieser Erderwärmung, von der man immer sprach. Die verschmutzte Umwelt verdarb das Klima.

Dieser Sommer war für Sylt viel zu sonnig und zu trocken, die Luft zu leblos.

Sie ging vor das Haus, der Hund lag im Gras, alle viere von sich gestreckt. Zwei Autos rasten in schnellem Tempo den Heideweg entlang.

Judith sah ihnen ärgerlich nach. Diese verdammten Autos, es wurden immer mehr und mehr. Konnten die Leute denn nicht wenigstens vernünftig fahren, mussten sie immer rasen?

«Komm, Candy», sagte sie zu dem Hund. «Wir gehen mal rüber zum Meer. Schauen uns die Wolken an. Vielleicht werden es ein paar mehr.»

Der Hund erhob sich träge, streckte sich, trabte dann aber munter vor ihr den Heideweg entlang. Ehe diese Straße in den Wattweg mündete, bog Judith in den Kurpark ein, den sie neuerdings in Dorfpark umgetauft hatten. Kurpark war ja auch nicht der richtige Ausdruck gewesen, das stimmte schon. Wie der schöne Park auch immer hieß, in dessen Mitte sich das Mahnmal für die Gefallenen befand, die wenigsten der Sylt-Urlauber kannten ihn, hier konnte man immer noch ganz ruhig und einsam unter den Bäumen einhergehen. Nur die Kaninchen knabberten ungestört im Gras, sausten aber sofort los, als Candy auftauchte und sie vor sich her jagte.

«Nachgerade sollte man meinen, dass dich Kaninchen nicht mehr interessieren», sagte Judith zu der Hündin.

Die war wieder bei ihr, blickte sich befriedigt um. Kein Kaninchen mehr zu sehen. Haben wollte sie die ja gar nicht, nur weglaufen sollten sie, so schnell wie möglich.

Candy verbrachte den vierten Sommer auf Sylt. Im ersten Jahr, da war sie gerade ein Jahr alt, waren die Kaninchen noch unbeschreiblich aufregend für sie gewesen. Zu Judiths Ärger ließ sie sich manchmal stundenlang nicht sehen, weil die Jagd sie weit fortführte. Doch sie fand immer wieder zurück, hörte sich die Vorwürfe mit eingezogenem Schwanz an – und blieb eine vergnügte Kaninchenjägerin.

Inzwischen war sie älter und vernünftiger geworden und mehr oder weniger an die Kaninchen gewöhnt. Es genügte ihr jetzt, sie fortzujagen, nachlaufen musste sie ihnen nicht mehr.

Judith dachte an Lorna, den Hund, den sie davor gehabt hatte. Der war schließlich so alt gewesen, dass er keinen Blick mehr an die Kaninchen verschwendet hatte.

Beim Kaamp-Hüs mussten sie eine Weile warten, bis die Ampel Grün für Fußgänger zeigte. Auch hier, auf der Straße nach List, ein wilder Verkehr.

Man sollte im Sommer gar nicht mehr auf die Insel kommen, dachte Judith. April, Mai, Juni waren schöner, Pfingsten immer ausgenommen, da war es fürchterlich, und dann ab Mitte September, Oktober war es wieder erträglich.

Angeblich fahren doch alle Leute nach Mallorca. Warum sind denn immer noch so viele hier.

Das sprach sie vor sich hin, als sie die Whisky-Straße entlangging.

Sie sprach manchmal laut aus, was sie dachte. Das machte der Umgang mit dem Hund. Der war an ihre Sprache gewöhnt. Er mochte es nicht, wenn sie lange schwieg. Er trabte folgsam neben ihr die Straße entlang, die voll von geparkten Autos war. Im Gogärtchen saßen sie auf der Terrasse, bei Greta war der Vorgarten besetzt bis auf den letzten Platz, bei

Leysieffer sowieso. Es war immer noch sehr warm, nur der Himmel über dem Meer wurde ganz dunkel.

«Wir sehen uns das mal aus der Nähe an», sagte sie zu Candy. «Falls es ein Gewitter gibt, sind wir mittendrin.»

Sie trug eine weiße Hose, ein blaues T-Shirt. Eine Jacke brauchte man in diesem Sommer so gut wie gar nicht.

Wenn sie allein war, ging sie abends nie aus. Es war langweilig, solo in einem Lokal zu sitzen.

Karin war vor drei Tagen abgereist, auch ihr war es zu warm gewesen.

«In der Stadt ist es am schönsten, wenn Ferien sind», hatte sie gesagt. «Außerdem will ich ein paar Tage nach Salzburg. Du kommst wirklich nicht mit?»

«Wirklich nicht. Und du hast ja Gesellschaft.»

«Elisabeth und ihr Mann fahren mit. Anschließend bleiben wir ein paar Tage am Mondsee.»

Judith fuhr seit Karajans Tod nicht mehr nach Salzburg, ihn hatte sie bewundert und geliebt, was jetzt in Salzburg geboten wurde, interessierte sie nicht.

«So kann man es auch nicht sehen», hatte Karin gesagt. «Andere Genies müssen auch mal drankommen.»

«Sofern es Genies sind. Ich kenne keine. Karajan, Bernstein. Kleiber. Na, der lebt ja glücklicherweise noch, aber er lässt sich nicht mehr blicken. Jedenfalls nicht am Pult.»

«Karl Böhm», fügte Karin hinzu. «Jochum. Und der Beste, den wir noch haben, ist Günter Wand in Hamburg. Und ich, bitte vergiss das nicht, habe schließlich Furtwängler noch erlebt.»

«Darum beneide ich dich.»

«Und in München habt ihr jetzt das größte Supergenie aller Zeiten. Mister Levine.»

«Ja. München hat offenbar zu viel Geld. Mal sehen, ob er sich öfter als dreimal im Jahr in München blicken lässt.»

Das waren so Gespräche, die Judith mit ihrer Mutter führen konnte, und nur mit ihr.

Es war seltsam, trotz allen Erfolges lebte Judith sehr einsam. Es war ihre Schuld, das wusste sie. Aber die meisten Leute gingen ihr einfach nur auf die Nerven. Allein mit ihren Büchern, ihrer Musik und ihrer Arbeit, selten einmal mit dem Fernsehen, war sie ganz zufrieden.

Auf dem Weg, der schräg abwärts über die Heide zum Meer führte, dachte sie an ihren Vater.

Er hat mir Grenzen gesetzt, dachte sie. Warum kann ich so viele Menschen nicht ertragen? Nur weil sie nicht sind wie er. Genügt das? Warum ist mir nie ein Mann begegnet wie er? Ich muss das einmal schreiben. Eine Frau, die von ihrem Vaterbild nicht loskommt.

Das glaubt mir kein Mensch, heutzutage schon gar nicht, wo die jungen Leute sich mit ihren Vätern, ihren Eltern verkrachen oder bei ihnen wohnen bleiben, weil's billig und praktisch ist.

Erklär einem Menschen von heute einmal, was ein Vater sein kann.

Sie blieb stehen, verbesserte sich sofort. Und eine Mutter!

Karin war schließlich auch etwas Besonderes. Aber Karin war immer mehr eine Freundin gewesen, jedenfalls seit die Tochter erwachsen war. Ihr Vater blieb bis zuletzt, bis zu seinem Tod, der wichtigste Mensch in ihrem Leben, bewundert, geliebt und respektiert, dies vor allem. Sie erinnerte sich daran, wie sie ihm ihre erste Arbeit vorgelegt hatte, ihr erstes Skript, schon von einem Verlag angenommen.

Darauf war sie sehr stolz gewesen. Sie hatte es geschafft.

Ihr Vater hatte es gelesen, dann hatte er gesagt: «Es ist gut. Aber du solltest es noch einmal überarbeiten.»

«Obwohl sie es nehmen?»

«Ja. Obwohl sie es nehmen.»

«Wirst du mir helfen?»

«Nein. Du kannst es allein.»

Judith ging weiter, und plötzlich sah sie, dass der dunkle Himmel über ihr aufriss. Ganz hinten, am Horizont, wurde es rot. Es war wie ein Kreuz, ein rotes Kreuz auf dunklem Grund.

Sie ging an der Sturmhaube vorbei zum Kliff, stand und staunte. Mitten in dem dunklen Himmel ein rotes Kreuz. Und dann sank es langsam nieder. Ganz langsam, bis zum Meer, bis zum Horizont, verbreitete sich, wurde ein Streifen, der sich über die ganze Weite auszubreiten schien. Nein, nicht über den ganzen Horizont, aber über ein langes Stück, das immer größer wurde, immer intensiver. Leuchtend rot. Die längst verschwundene Sonne.

«So etwas habe ich noch nie gesehen», murmelte sie.

«Doch», sagte eine Stimme neben ihr. «Das haben wir schon gesehen. Nicht ganz so prachtvoll wie heute, halb so groß, ein Viertel so groß. Aber es war da.»

Neben ihr stand ein älterer Mann, er hatte eine halbe Glatze und einen von diesen Dreitagebärten, die sie grauslich fand. Auch wieder so eine blöde Mode.

Doch sie erkannte ihn sofort.

«Florian», sagte sie.

«Du erkennst mich noch», sagte er.

Sie fasste sich sofort.

«Ja. Seltsam, nicht? Trotz deinem dämlichen Bart.» Sie stockte, verbesserte sich sofort: «Trotz deines dämlichen Bartes.»

Schließlich hatte der Vater ihr die deutsche Grammatik von klein auf beigebracht.

Er lachte. «Da hört man die berühmte Schriftstellerin.»

«Manchmal schreibe ich es auch falsch. Im Dialog zum Beispiel. Weil es meist eben so geredet wird.»

«Als Erstes bekomme ich einen Tadel von dir. Der Bart gefällt dir also nicht.»

«Es ist kein Bart, es sind Bartstoppeln. In letzter Zeit laufen viele Männer so herum. Muss so 'ne Art Mode sein. Nein, es gefällt mir nicht. Aber trotzdem, guten Abend. Willkommen auf Sylt.»

«Wieso merkst du, dass ich heute erst angekommen bin?»

«Ich denke es mir halt. Weil ich dich sonst schon mal hier auf dem Kliff getroffen hätte.»

«Ja, es stimmt. Ich bin heute angekommen und mein erster Abendspaziergang geht zum Roten Kliff. Wie könnte es anders sein. Hier habe ich den glücklichsten Abend meines Lebens verbracht.»

Sie schwieg, blickte wieder auf das rote Licht am Horizont, das seltsamerweise nicht dünner wurde, sondern immer breiter, immer gewaltiger.

«Die Sonne zeigt uns wieder mal, wie mächtig sie ist.»

«Leider werden wir *luna bella* nicht sehen», sagte er.

Sie warf ihm einen flüchtigen Blick zu, fand ihn albern. Besonders gut sah er nicht aus, die halbe Glatze, die Bartstoppeln, zu dick war er auch.

«Nein», sagte sie sachlich, «wir haben Neumond. Übermorgen könnte man die kleine Sichel sehen, aber es ist zu hell um diese Jahreszeit, da sieht man sie kaum.»

Nun schwieg er eine Weile, auch den Blick auf den Horizont gerichtet.

«Ich finde es trotzdem bemerkenswert, dass du mich erkannt hast. Sehe ich nicht anders aus?»

«Erstens habe ich einen Blick für Menschen, und zweitens ist es wohl der Ort, an dem wir uns treffen. Und der Sonnenuntergang dazu», das klang wieder kühl und sachlich.

«Du hast dich gar nicht verändert», sagte er.

«Vielen Dank. Es ist immerhin dreißig Jahre her.»

«Die Landung auf dem Mond. Das vergisst man nicht. Und dich kann man auch nicht vergessen.» Er wiederholte: «Es war der glücklichste Abend meines Lebens.»

«Der Abend, als die Amerikaner auf dem Mond herumtrampelten?»

«Du weißt noch genau, was du gesagt hast. Dieser Abend, ja, und der übernächste erst recht.»

Der Abend, als er sie küsste, sagte, dass er sie liebe und sie heiraten wolle.

Sie lachte. Das konnte nicht wahr sein. Dreißig Jahre. Hatte sie jemals wieder daran gedacht? Kaum. Und als den glücklichsten Abend ihres Lebens konnte sie diese Stunden auch nicht bezeichnen.

«Nehmen wir an, du hast mittlerweile auch noch ein paar glückliche Abende verlebt.»

«Keinen wie diesen.»

Nun sackte der rote Streifen zusammen, wurde blasser, versank im Meer.

Sie wandte sich zu ihm, der Hund erhob sich gelustig, der Sonnenuntergang hatte Candy nicht im Geringsten interessiert. Sie wollte spazieren gehen, dann nach Hause und ihr Abendessen bekommen. Ein paar Knabberchen, wie Judith es nannte, ihr richtiges Essen bekam sie um die Mittagszeit.

«Bist du seit damals nie auf Sylt gewesen?»

«Doch. Zweimal in den vergangenen Jahren. In der Hoffnung, dich zu sehen.»

«Na, nun siehst du mich. Ich war nicht jedes Jahr hier, es gibt auch noch andere schöne Orte auf der Erde. Ich war viele Jahre in Frankreich, in der Bretagne, die ich auch sehr liebe, an der Côte d'Argent, in Nizza natürlich auch. In Italien, in der Toskana, in Spanien, auf Korfu und sonst noch hier und da.»

«Das merkt man in deinen Büchern. Du schreibst sehr lebendig über Land und Leute, die du besucht hast.»

Es klang steif und irgendwie geziert.

«Willst du sagen, du hast meine Bücher gelesen?»

«Jedes Buch von dir», sagte er eifrig. «Wer kann schon von sich behaupten, eine so berühmte Schriftstellerin zu kennen.»

«Zu kennen?», fragte sie kühl. «Kennst du mich denn?»

«Nun, sagen wir, ihr einmal begegnet zu sein.»

Judith blickte wieder aufs Meer, dann über die Heide und dachte: Wie kriege ich ihn los?

«Wohnst du wieder hier in diesem Hotel?»

«Nein. In Keitum. Nachdem du mir damals gezeigt hast, wie schön es dort ist, wohne ich immer dort. Ein kleines Appartement, sehr nett eingerichtet.»

Um Ordnung zu schaffen, das war ihr immer wichtig: «Du wohnst also nun zum dritten Mal in Keitum in diesem Appartement.»

«So ist es.»

«Mit Weib und Kindern, nehme ich an.»

«Ich bin seit zwei Jahren geschieden. Voriges Jahr war ich allein auf der Insel, und vor fünf Jahren, als ich ebenfalls hier war, hatte sich meine Frau zum ersten Mal von mir getrennt.»

«Sicher mochte sie deine Bartstoppeln auch nicht.»

«Da könntest du Recht haben, sie hätten ihr bestimmt nicht gefallen. Aber ich habe sie erst seit zwei Jahren.»

«Nach der Scheidung also. Es sind gewissermaßen Stoppeln der Freiheit.»

Er war geschieden, das wusste sie nun, da hieß es vorsichtig sein.

«Und die Kinder?»

«Warum denkst du, dass ich Kinder habe?»

«Ich vermute es halt.»

«Du vermutest richtig. Meine Tochter geht noch in die Schule, mein Sohn ist in einem Internat. In England.»

«In England. Das ist ein teurer Spaß.»

«Meine Frau wollte es so. Sie findet, dass unsere Schulen unmöglich sind. Heruntergekommen, wie sie das nennt.»

«Da hat sie wohl nicht ganz Unrecht. Die Jugend benimmt

sich schlecht, weil die Eltern sie nicht ordentlich erzieht, das ist der Grund. Und die Lehrer haben keine Lust mehr.»

«So ist es wohl. So wie du erzogen worden bist», sagte er und legte leicht die Hand auf ihren Arm, «wird es Kindern heutzutage selten geboten.»

«Wie dein Beispiel zeigt. Warum lässt man sich scheiden, wenn man zwei Kinder hat. Noch junge Kinder, wie es scheint.»

«Ich habe spät geheiratet. Weil ich keine andere Frau lieben konnte. Nur dich.»

Sie wandte sich ab, ungeduldig nun.

«Kommst du mit nach Keitum?», fragte er. «Wir könnten im Landschaftlichen Haus zu Abend essen und uns an dieses Stück wunderbare Vergangenheit erinnern.»

«Leider. Ich werde zum Abendessen erwartet.»

«Dein Mann?»

«Ja. Gehen wir auf eine halbe Stunde in die Sturmhaube. Ist zwar nicht mehr so hübsch wie früher, aber ein Glas Wein werden wir wohl bekommen. Und die Aussicht ist immer noch gut, wir können den letzten Rest der Sonne von dort aus sehen.»

Ihr Mann war seit zwölf Jahren tot. Für diesen Abend hatte sie ihn wieder zum Leben erweckt. Das fehlte gerade noch – er geschieden, sie verwitwet. Sie konnte sich leicht vorstellen, was er aufführen würde, schicksalhafte Begegnung und so. Sie saßen kaum an einem Tisch am Fenster, da begann es auch schon.

«Ich bin dem Schicksal dankbar, dass ich dich endlich getroffen habe. Immer und immer habe ich an dich gedacht.»

Sie lächelte vage und blickte durch das breite Fenster hinaus aufs Meer.

«Und du? Hast du auch manchmal an mich gedacht?»

«Natürlich», sagte sie lässig. «Wir haben ja in kurzer Zeit allerhand fertig gebracht, nicht? Zwei tolle Abende, zwei hübsche Tage und dann deine rasche Abreise. Darf ich fragen, wie es deiner Mutter damals ergangen ist?»

«Es ging ihr lange sehr schlecht. Sie musste später ein zweites Mal operiert werden, konnte dann wieder laufen, aber nie mehr richtig gut. Sie ist vor drei Jahren gestorben. Gott sei Dank hat sie meine Scheidung nicht mehr miterlebt. Sie hing sehr an den Kindern. Sie brachte es fertig, dass meine Frau zurückkam, damals, vor fünf Jahren.»

«Hast du ihr eigentlich von mir erzählt?»

«Ja, natürlich. Später, als man wieder mit ihr reden konnte. Anfangs war sie nur verzweifelt. Aber sie konnte ja nicht wissen, was du mir bedeutest. Alles war sehr schwierig damals für mich. Als ich nach Freiburg kam, Mama in der Klinik, die erste Operation. Und ich erwartete täglich, dass sie sterben würde. Ein Jahr später die zweite Operation. Das kostete viel Geld. Ich musste mein Studium abbrechen, mir einen Job suchen. Ich schrieb dann an meine Tante. Du erinnerst dich, ich habe von ihr erzählt.»

«Natürlich. Sie hatte sich von ihrem jüdischen Mann scheiden lassen, ging mit seinem Geld erst nach Freiburg, dann ins Tessin und heiratete einen jungen Mann, der vermutlich ihr Geld ausgab.»

«Da kennst du sie schlecht. Sie hat immer sehr gut über ihr Bankkonto gewacht.»

Alle ihre Bücher hatte er offenbar doch nicht gelesen, denn gerade diese Geschichte mit der Tante hatte sie einmal verwendet.

«Meine Tante hat uns dann besucht, sie gab mir Geld, das ich für Mamas Behandlung brauchte, und später finanzierte sie mir sogar ein zweites Studium.»

«Ein zweites Studium?»

«Ein paar Semester Betriebswirtschaft. Meine Mutter hatte eine Stellung als Bürokraft bei einem Steuerberater, die übernahm ich nach ihrem Sturz. Ich musste ja etwas verdienen. Und Herr Lambert, der Steuerberater, war sehr hilfreich für mich. Er brachte mir eine Menge bei, regte dann eben das Studium an, und heute bin ich sein Nachfolger geworden.»

«Du bist also Steuerberater.»

«Ja.»

«Ein sehr lukrativer Job heutzutage. Bist du immer noch in Freiburg?»

«Ja. Wo sollte ich sonst hin?»

Na ja, eben, dachte sie, wo solltest du schon hin.

«Ich habe einmal an deinen Vater geschrieben. Hat er dir das erzählt?»

Judith zögerte mit der Antwort, nur in keine Falle tappen.

«Ich weiß nicht mehr. Wann denn?»

«Ungefähr ein halbes Jahr nach unserem Sommer, als ich einigermaßen wieder mit meinem Leben zurechtkam. Ich wollte gern deine Adresse haben.»

«Und mein Vater hat dir geantwortet?»

«Er ließ mir von seiner Sekretärin mitteilen, dass du dich zum Studium in Amerika aufhältst.»

«Ach so, ja. Stimmt.»

«Das hat mich gewundert. Irgendwie mochtest du die Amerikaner doch nicht besonders.»

«Deswegen kann man doch dort studieren. Schon um sie besser kennen zu lernen. Und at least haben sie uns vor einem neuen Krieg bewahrt und vor den Sowjets gerettet.»

Geliebter Vater, dachte sie. Du hast gleich gewusst, dass dieser Mann kein Mann für mich ist. Hat mich einfach nach Amerika geschickt. Später war sie wirklich dort, drei Jahre später.

«Dein Vater hat die Wiedervereinigung noch erlebt, das hat ihn sicher befriedigt.»

«Woher willst du wissen, dass er nicht mehr lebt?», fragte sie, Ärger in der Stimme.

«Der Nachruf war in sämtlichen Zeitungen zu lesen.»

«Ach so, ja.» Sie blickte auf ihre Uhr. «Tut mir Leid, ich muss gehen. Mein Mann wartet auf sein Abendessen.»

«Sehen wir uns morgen?»

«Morgen?»

«Oder nächster Tage mal.»

«Ich muss morgen nach Hamburg fahren, Besprechung mit meinem Verleger. Und dann fahre ich nach Hause. Anschließend will ich nach Salzburg.»

«Die Festspiele, da bist du sicher immer dabei. In Bayreuth auch?»

«Dort ganz bestimmt.»

Sie stand auf, lächelte, ließ ihn die zwei Viertel Wein bezahlen.

«Soll ich dich heimfahren? Ich hab den Wagen hier.»

«Danke, nein, ich habe es nicht weit. Und der Hund muss noch ein Stück laufen.»

«Werden wir uns nicht mehr sehen?», fragte er. Es klang unglücklich.

«Sicher doch. Vielleicht komme ich noch für ein paar Tage her, in Hamburg habe ich nicht lange zu tun.»

Sie log, und er wusste, dass sie log.

«Lass uns noch einmal vor zum Kliff gehen. Ein Abschiedsblick auf das Meer. Du wirst nicht wiederkommen. Für dich ist alles vorbei.»

«Dreißig Jahre! Mein Gott, Florian, was erwartest du?»

Als sie auf dem Kliff standen, fragte er: «Darf ich dich noch einmal küssen?»

Sie wandte den Blick zur Seite und bot ihm die Wange.

«Ich meine nicht so einen üblichen Partykuss», sagte er. Legte beide Hände um ihr Gesicht und küsste sie auf den Mund. Nicht allzu stürmisch, aber intensiv.

Eine Weile schwiegen sie, Judith blickte hinab, wie zerrissen, wie zerstört das Kliff war. Auch für das Rote Kliff waren dreißig Jahre eine lange Zeit.

Auf dem Weg nach Hause sang sie vor sich hin.

«The moon is yellow, the night is young –»

Kaum zu glauben, das war ein Song von Frank Sinatra. Wie kam sie jetzt darauf? Wie ging er weiter?

Sie könnte Andreas anrufen und ihn bitten, in ihrer Wohnung nachzusehen. Nein, bloß nicht. Sicher lagen die CDs von Sinatra alle zusammen, fragte sich bloß, wo. Sie hatte so unendlich viele Platten, dass sie selber nicht wusste, wo sie etwas suchen sollte. Andreas hätte nur wieder eine Gelegenheit zu einer süffisanten Bemerkung über das Chaos, das sie gern anrichtete. Chaos war übertrieben, aber er war nun mal besonders ordentlich.

«Das wär's für heute», sagte sie zu dem Hund, als sie das Haus betraten. Onkel Ferdinands Haus, das ihr jederzeit zur Verfügung stand.

«Das war ein richtiges Happy End am Roten Kliff. Ich bin froh, dass ich den los bin. Stell dir vor, Candy, er wüsste, dass wir zwei hier allein leben. Nicht auszudenken. Zum Kliff können wir nicht mehr gehen. Wir können wirklich abreisen, was meinst du? Oder Andreas anrufen, dass er kommen soll. Ach nee, dann haben wir auch keine Ruhe. Mann ist Mann. Du kriegst jetzt deine Knabberchen. Und ich nehme mir einen Schluck Champagner und esse eine Stulle mit dem Katenschinken. Und denke freundlich an Florian. Damit kann er doch zufrieden sein, findest du nicht auch?»

Petra Würth

Hausputz

Am frühen Morgen hat der Wind gedreht. Er kommt jetzt aus Osten und treibt jede Menge dicker, grauer Wolken über die Insel. Feiner Nieselregen prasselt gegen das Küchenfenster, hinter dem Maria Theissen steht und durch das nasse Glas hindurch auf die menschenleere Straße sieht.

Die Pensionsgäste sind noch nicht zum Frühstück erschienen. Wie an jedem Morgen ist der Tisch gedeckt, der Kaffee gekocht und in einer Thermoskanne warm gestellt. Die Eier liegen auf einem kleinen Teller neben dem Herd, das Wasser köchelt auf niedriger Flamme, zwei Weißbrotscheiben ragen nebeneinander aus dem Toaster.

Schon seit über dreißig Jahren ist das Frühstück Teil von Marias täglicher Routine, ist tägliche Pflicht für sie. Früher hat ihre Tochter noch mitgeholfen, doch die hat vor fünf Jahren die Insel verlassen, wie so viele junge Leute, die keine Arbeit gefunden oder ihren Lebensinhalt nicht im Bemuttern von Touristen gesehen haben.

Die Gäste kommen die Treppe hinuntergepoltert, und Manfred Baumgartners sonorer Bass dröhnt laut durch das

Haus. Das Ehepaar erscheint ausgeruht und gut gelaunt in der Küchentür, und lässt sich am gedeckten Tisch nieder.

«Was ist das denn für ein Wetter, Frau Theissen? Haben Sie das bestellt, um uns den Abschied zu erleichtern?», fragt Manfred Baumgartner aufgeräumt.

Maria Theissen lächelt höflich. «Nein, Herr Baumgartner, daran trifft mich keine Schuld.»

Sie nimmt die Thermoskanne vom Tisch und gießt den dampfenden Kaffee in die Tassen.

«Mädchen, Sie zittern ja», sagt Baumgartner und greift nach ihrer Hand, mit der sie den Henkel der Kanne umklammert hält. «Ist alles ein bisschen viel, so ohne Mann, was?»

Seinen selbstgefälligen Ton konnte sie noch nie ausstehen. Nur weil er Stammgast ist, muss er nicht den Gönner spielen, dem der Wirt für seine regelmäßigen Besuche dankbar zu sein hat und der glaubt, mit der Bezahlung eines Zwei-Betten-Alkovenzimmers das Recht auf Vertraulichkeiten erworben zu haben.

«Es geht schon», sagt sie und legt ein Ei, das sie auf einem kleinen Kaffeelöffel balanciert, in das kochende Wasser.

Baumgartner wirft seiner Frau einen viel sagenden Blick zu und schmiert Butter auf eine Brötchenhälfte.

«Gott sei Dank haben Sie ja dieses Jahr nicht so viele Gäste», sagt Elli Baumgartner und fängt sich prompt einen Rippenstoß ihres Mannes ein. «Ich meine, fürs Geschäft ist das natürlich nicht so gut. Aber die Belastung …»

«Elli», unterbricht ihr Mann sie, «iss.»

Elli hält sofort den Mund und tut, wie ihr befohlen. Maria

Theissen weiß, worüber sich ihre Pensionsgäste Gedanken machen. Als die beiden vor einer Woche angekommen sind, waren alle fünf Zimmer belegt. Nach und nach sind die Gäste abgereist, aber keine neuen mehr angekommen. Baumgartners haben darüber spekuliert, aber sie haben nicht mit ihr darüber gesprochen. Maria spürt die Frage, die wie abgestandener Essensgeruch im Raum hängt, und hat das Gefühl, etwas erklären zu müssen.

«Zurzeit haben wir eine kleine Flaute, aber das gibt sich schon wieder», sagt sie halbherzig, nicht sicher, ob es richtig war, diese fadenscheinige Ausrede zu benutzen. Doch sie hat keine Lust, sich in endlose Diskussionen verwickeln zu lassen.

Die Baumgartners nicken, ohne aufzusehen, kauen ihre dick mit Marmelade bestrichenen Brötchen und stellen keine weiteren Fragen.

«Bis wann müssen wir denn das Zimmer räumen, Frau Theissen?», fragt Manfred Baumgartner mit vollem Mund.

«Bis um zwölf, wenn es Ihnen recht ist.»

Um dreizehn Uhr ist Maria Theissen allein. Allein in einem Haus, das sie im Alter von einundzwanzig Jahren zum ersten Mal betreten hat. Damals war sie von den alten Theissens zum Kaffeetrinken am Sonntagnachmittag eingeladen worden. Zum Kennenlernen und zum Beschnuppern, wie sie sich ausgedrückt hatten.

Der Sohn des Hauses, Michael, hatte zwei Wochen zuvor einen gebrauchten Wagen kaufen wollen und seine alten Herrschaften nach Westerland geschleift, um ihnen stolz das Auto zu präsentieren. Schließlich sollten sie die Neuanschaffung zur Hälfte mitfinanzieren. Die beiden hatten sich problemlos mit der Wahl ihres Sohnes, einem zwei Jahre alten BMW, einverstanden erklärt. Als der Verkäufer, der den Wagen bei der Zulassungsstelle anmelden sollte, Michael nach speziellen Wünschen hinsichtlich des Kennzeichens gefragt hatte, antwortete der, er wolle nach dem «NF» für Nordfriesland zwei «M» auf dem Nummernschild. Seinen erstaunten Eltern erklärte er, dass die beiden M für die Namen Maria und Michael stünden. Das hatte die alten Theissens, die es bis dahin gewohnt waren, ihren Sohn mit ständig wechselnden Freundinnen zu sehen, offensichtlich beeindruckt. Da bahnte sich wohl die erste ernst zu nehmende Beziehung ihres Sohnes an, und es schien ihnen an der Zeit, die junge Frau kennen zu lernen. So kam Maria eine Woche später in das Haus in Keitum, in das sie im folgenden Jahr als verheiratete Frau einziehen sollte.

Heute fühlt sich Maria fast ein bisschen hilflos und fremd in dem alten Gebäude, einem an sich ganz schönen Haus, das während einer Komplettrenovierung in den fünfziger Jahren seinen Charme eingebüßt hat. Ihr fehlen die Menschen, die so lange hier gelebt haben. Ihre Tochter, die längst verheiratet ist und eigene Kinder großzieht, ihre Schwiegereltern, die vor zwei Jahren kurz hintereinander gestorben sind. Vor allem aber fehlt ihr Michael. Der Mann, um den sich in den vergangenen dreißig Jahren ihr Leben und ihre Gedanken gedreht haben. Sie muss sich ablenken, sonst bekommt sie einen jener depressiven Schübe, aus denen sie so schwer wieder herausfindet.

Als Erstes wird sie einen Hausputz machen, überlegt sie,

als sie durch die Räume läuft. Die Zimmer sind nicht sehr groß, die Decken maximal 2,20 Meter hoch, die alten Dielen mit PVC oder dunkelgrünem Teppichboden ausgelegt, die Türen braun gestrichen. Im Wohnzimmer klebt eine hässliche Grasfasertapete an den Wänden, vor den Fenstern mit den schmalen Teakholzrahmen hängen weiße Voilegardinen, links und rechts daneben dunkelgrüne Schals. Die Einrichtung aus massivem Eichenholz stammt noch von den Schwiegereltern. Auf den mit weinrotem Samt bezogenen Polstern haben sich im Laufe der Jahre helle Sitzspiegel gebildet. In den offenen Regalen des schweren Einbauschranks reihen sich Zinnkrüge unterschiedlichster Größe und Form aneinander. Das Zimmer wirkt völlig überladen mit den altmodischen, dunklen Möbeln und dem geschmacklosen Krimskrams, der überall herumsteht. Vor allem aber beschwört es Erinnerungen, die Maria vergessen möchte.

Als das Telefon klingelt, geht sie in den Flur.

«Theissen!», sagt sie hastig in den Hörer.

«Hallo, Frau Theissen, hier Weber», tönt ihr eine männliche Stimme entgegen. «Ich weiß, ich bin ein bisschen spät dran, aber wir würden gerne im Mai nächsten Jahres für eine Woche nach Keitum kommen. Haben Sie in der Zeit noch ein Doppelzimmer frei? Für so alte Stammgäste wie uns?», flötete er in einschmeichelndem Ton.

«Tut mir Leid, Herr Weber, aber wir werden die Pension schließen, mein Mann und ich. Das war die letzte Saison.»

Am anderen Ende ist außer lautem Schnaufen nichts zu hören. Der Anrufer scheint mit einer solchen Antwort nicht gerechnet zu haben.

«Sie schließen die Pension?», fragt er ungläubig.

«Ja», antwortet Maria und belässt es dabei. Je weniger sie erzählt, desto besser.

«Warum denn?», fragt Weber.

«Wir und die Pension, wir gehen in Pension», sagt Maria und muss angesichts ihres unfreiwilligen Wortspiels lächeln.

«Ja», sagt Weber gedehnt, «wenn die Scheune schon voll ist, kann man ja nur gratulieren.»

Seine Stimme klingt eine Spur gehässig, so, als rechne er nach, was sie und ihr Mann im Laufe der Jahre mit der Vermietung von fünf Zimmern verdient haben und wie luxuriös ihr Lebensabend wohl ausfallen wird.

Maria Theissen gibt ihm die Nummer einer Freundin, die Zimmer und Ferienwohnungen auf der Insel vermittelt, und legt auf. Solche Anrufe werden in den nächsten Tagen und Wochen noch viele kommen. Es wird dauern, bis wirklich alle kapiert haben, dass sie keine fremden Menschen mehr unter ihrem Dach dulden wird. Keine zahlenden Gäste, die durchs Haus trampeln, die Handtücher jeden Tag auf den Boden schmeißen, mit Sonderwünschen nerven, sich mit brummigem Gesicht an den gedeckten Tisch setzen. Das ist vorbei. Mit einem Putzeimer, verschiedenen Wischlappen, einem Schrubber und Reinigungsmittel bewaffnet, steigt sie die knarrende Stiege hoch. Sie wird ihren Hausputz im Schlafzimmer beginnen.

Wieder zuckt sie zusammen, wie so oft in den letzten Tagen, wenn sie das Zimmer betritt und ihr Blick auf die unberührte Bettseite ihres Mannes fällt. In den letzten dreißig Jahren waren sie nicht länger als ein, zwei Tage voneinander getrennt gewesen. Jetzt sind es schon acht Tage, dass sie alleine in dem großen Bett schläft. Sie hat noch nicht ihren eigenen Rhythmus gefunden, sich noch nicht an das Fehlen von vertrauten Geräuschen und Gerüchen gewöhnt. Mittlerweile aber fällt das Einschlafen nicht mehr ganz so schwer, und sie schreckt auch nicht mehr so oft in der Nacht hoch und liegt danach lange Zeit wach.

Maria macht ihren Hausputz gründlich. Schiebt das schwere Ehebett zur Seite und zieht mit dem nassen Putzlappen feucht glänzende Bahnen durch das staubige Rechteck am Boden. Eigentlich weiß sie auch nicht, warum sie das tut. Aber sie hat ein unerklärliches Bedürfnis nach Veränderung. Sie will säubern, ausmisten, Möbel umstellen, Zimmer streichen, neu dekorieren. Seit ihr Mann weg ist, spürt sie etwas, das sie antreibt, das sie wie einen hochtourigen Motor laufen, sie bis zu sechzehn Stunden täglich arbeiten lässt. Plötzlich ist da ein Gefühl von Freiheit und Unabhängigkeit, das in den vergangenen Jahren eine eher untergeordnete Rolle gespielt hat.

Von Beginn ihrer Ehe an hatte sie mit einem Handicap zu kämpfen. Sie ist nicht auf der Insel geboren, sie ist keine Einheimische, sondern nur eine Zugezogene. Eine, die keine nennenswerte Mitgift in die Ehe gebracht und sich ins gemachte Nest gesetzt hat. Das hat nie jemand laut ausgesprochen, doch das war auch gar nicht nötig gewesen. Sie hat ihn auch so deutlich gespürt, diesen stummen Vorwurf, der ihr gesamtes Eheleben überschattet hat. Maria ist Erfüllungsgehilfin zuerst ihrer Schwiegereltern und später ihres Mannes gewesen. Sie gehörte nie wirklich dazu, war mehr geduldet als gewollt und hat sich ihr Bleiberecht jeden Tag neu erarbeiten müssen. In diese Rolle hat sie sich immer gefügt – bis zu dem Tag, als sie den Koffer gefunden hat.

Es klingelt an der Tür. Maria nimmt den Putzlappen auf, lässt ihn vorsichtig in den Eimer gleiten und lehnt den Schrubber gegen die Wand. Sie wischt die Hände an der Kittelschürze ab, fährt sich mit den noch feuchten Fingern durchs graue, dauergewellte Haar und ruft laut: «Komme gleich.» Aus Angst, der Besucher könne womöglich wieder gehen.

Als sie die Tür öffnet, erschrickt sie derart, dass sie zusammenzuckt. Die junge, blonde Frau, die vor ihr steht, bemerkt es mit Genugtuung.

«Ist der Michael da?», fragt sie und grinst provozierend.

Maria weiß, dass die Frau, die da so dreist, mit in die Hüften gestemmten Fäusten vor ihr steht, Sylvia Meissner heißt, dreißig Jahre jung ist und in der Stammkneipe ihres Mannes hinter dem Tresen bedient. Sie trägt enge Jeans, hochhackige schwarze Stiefeletten, einen hellblauen Wollpulli und eine kurze Jeansjacke. Ihre halblangen, blondierten Haare hat sie zu einem neckischen Pferdeschwanz am Hinterkopf zusammengebunden, den Pony nach oben antoupiert und sich viel zu stark geschminkt. Die knallrot lackierten, langen Fingernägel sind so falsch wie das unverbindliche Grinsen, das sie zur Schau trägt. Schlampe, denkt Maria, sagt aber nichts.

«Mein Mann ist nicht zu Hause», antwortet sie förmlich und versucht höflich zu lächeln, was ihr nur ansatzweise gelingt.

Die junge Frau mustert sie kalt. «Wo ist er denn?»

«Nicht da», sagt Maria und kämpft um einen lockeren,

selbstbewussten Ton, um eine Stimme, die nicht zittert, sondern fest und ehrlich klingt.

«Was heißt denn ‹nicht da›?», fragt Sylvia Meissner und mustert Maria misstrauisch.

«Verreist», antwortet Maria, da ihr nichts Besseres einfällt.

«Wohin?»

«Wissen Sie es nicht?»

Sylvia Meissner zuckt zusammen und starrt Maria verblüfft an. Die ist sich nicht sicher, ob es klug war, ihre Nebenbuhlerin so provoziert zu haben.

«Hat er keine Nachricht hinterlassen?», will die junge Frau jetzt wissen, und der harte Zug um ihren verkniffenen Mund zeigt, wie schwer ihr diese Frage fällt.

Maria schüttelt den Kopf. «Sollte er?»

Sie ist über ihren eigenen Ton erstaunt. Noch erstaunter ist Sylvia Meissner, die nicht mehr halb so selbstbewusst wirkt, wie noch vor wenigen Minuten.

«Warum wollen Sie das überhaupt wissen?», fragt Maria. «Haben Sie beruflich mit meinem Mann zu tun?»

Die Frage kommt viel zu spät, das weiß auch Maria, und Sylvia Meissner beantwortet sie gar nicht erst, sondern dreht sich um und geht durch den Garten zum Tor hinaus. Ihre Figur ist nicht schlecht, denkt Maria, aber das wird ihr jetzt auch nicht mehr viel nützen.

Am nächsten Morgen wird Maria vom Telefon geweckt. Ihre Nachbarin, Dörte Andresen, eine neugierige, geschwätzige Person, ist am Apparat, und Maria ärgert sich, dass sie das Klingeln nicht einfach ignoriert hat.

«Maria, hallo, hier ist die Dörte. Entschuldige, dass ich störe. Aber ich wollte dich um etwas bitten.»

«Ja», antwortet Maria und ist noch völlig benebelt von der zurückliegenden Nacht, in der sie kein Auge zugetan hat.

«Es geht um deine Scheune.»

«Was ist damit?», antwortet Maria und ist sofort hellwach.

«Mein Sohn, der Jan, baut doch hinten im Garten so eine kleine Sitzecke für uns. Da haben wir im Sommer noch bis sechs Uhr abends Sonne, und deshalb pflastert er da jetzt eine kleine Terrasse, sodass wir einen Tisch und Gartenstühle rausstellen können.»

Das weiß Maria längst. Von diesem Vorhaben hat ihre Nachbarin schon mehrmals erzählt.

«Was hat das mit der Scheune zu tun?», fragt Maria und kämpft mit einer viel zu schrillen Stimme.

«Also, der Junge sagt, es stinkt da ziemlich. Da ist irgendetwas in der Scheune. Bist du die letzten Tage mal drin gewesen?»

«Nein», sagt Maria und setzt sich schwer auf einen Küchenstuhl.

«Jan meint, dass vielleicht ein Tier in der Scheune verendet ist. Vielleicht ein Igel oder eine Ratte oder so etwas.»

Maria nickt. «Das kann schon sein. Da ist ja auch der Brunnenschacht. Der ist ganz schön tief ...»

«Genau, das hat Jan auch gesagt. Wenn's dir recht ist, nagelt er den Schacht mit einer Holzplatte zu. Dann wäre das Problem ein für alle Mal gelöst.»

Marias Puls normalisiert sich langsam und ihre Stimme klingt nicht mehr ganz so hoch.

«Das wäre nett, Dörte. Wenn der Jan das machen könnte, wäre ich ihm wirklich sehr dankbar.»

«Aber klar doch. Das macht er doch gern. Ist doch in unser aller Interesse.»

Nach dem Telefonat hat Maria einen pelzigen Geschmack im Mund. Ihre Nachbarin hat keinen Ton über Marias Ehemann gesagt. Kein Wort, dass der ja vielleicht den Brunnenschacht verschließen könnte. Also hat sie es wahrscheinlich längst gehört. Kein Wunder, auf der Insel bleibt nichts lange geheim.

Sie geht ins Bad und lässt heißes Wasser in die alte fleckige Wanne einlaufen. Nach dem Schock wird ihr ein bisschen Entspannung gut tun. Ein Vollbad ist für sie immer noch der pure Luxus, und sie muss sich regelrecht zwingen, etwas zu genießen, das nur ihrem eigenen Vergnügen dient und nicht unmittelbar mit ihrer Arbeit und ihren Pflichten zusammenhängt.

Während sie zwischen weißen Schaumbergen liegt, unterzieht sie das Badezimmer einer eingehenden Musterung. Die beigen Kacheln würde sie gerne rausschmeißen, genauso die Toilette, das Waschbecken und die Wanne. All das gehört auf den Müll, inklusive der Armaturen. Die Wand zum Nachbarzimmer könnte man ein Stück in das angrenzende Zimmer versetzen lassen. Sodass das Bad sehr viel größer und der Raum daneben gerade noch groß genug wäre, um der Toilette und einem kleinen Waschbecken Platz zu bieten. Den Boden würde sie am liebsten schwarzweiß fliesen, die Badewanne schräg vor der Ecke einmauern und sie mit weiß lackiertem Holz verschalen lassen. So etwas Ähnliches hat sie heute Morgen in einer Wohnzeitschrift gesehen. Das sah sehr hübsch aus, fand sie. Resigniert lässt sie den Kopf gegen den Wannenrand sinken. So schön diese Pläne auch sind, mit der Realisierung wird sie leider noch eine Weile warten müssen.

Es ist schon zehn Uhr. Sie muss sich beeilen. In einer Stunde kommt der Dachdecker. Als sie vor dem Kleiderschrank im Schlafzimmer steht, an dessen Vorderseite ein großer, an einigen Stellen schon erblindeter Spiegel angebracht ist, betrachtet sie sich in Ruhe. Das hat sie schon lange nicht mehr getan. Zu Beginn ihres Ehelebens war dazu keine Zeit, und später wollte sie sich nicht durch den Anblick einer ältlichen, abgearbeiteten Frau die ohnehin schon schlechte Laune verderben lassen. Jetzt findet sie den Mut, der Zweiundfünfzigjährigen ins Gesicht zu sehen, und entdeckt neben den Spuren jahrelanger Vernachlässigung doch noch matte Erinnerungen an eine Zeit, als sie jung und attraktiv gewesen ist. Ihre Figur ist immer noch schlank, ihr Haar dick und dicht, wenn auch schon mit weißen Strähnen durchzogen, das Gesicht, schmal und fahl, könnte ein wenig Farbe vertragen. Ihre funktionale Kleidung reduziert sie auf ein arbeitendes Neutrum. Sie lächelt sich vorsichtig zu und denkt, dass nicht nur das Haus, sondern auch Maria Theissen einer Komplettrenovierung unterzogen werden sollte.

Als sie die Schranktür öffnet, fällt ihr Blick auf den Koffer, der am Boden hinter den Mänteln versteckt steht. Das geht so nicht, denkt sie. Nicht auf Dauer. Ich brauche einen Safe, einen ganz sicheren Safe, den man in die Wand einmauern kann. Versteckt hinter einem Bild oder vielleicht auch hier hinter dem Schrank. Man müsste ein Stück aus der Rückwand herausschneiden. Aber das wäre mit einer Stichsäge problemlos zu bewerkstelligen. Beinahe zärtlich fährt sie mit der Hand über das alte, abgenutzte Leder, über die rostigen Klappschlösser, die sich nur noch öffnen lassen, wenn man mit der Hand dagegen schlägt. Bevor sie die Tür schließt, drappiert sie ihren schwarzen Wintermantel über die rechte Ecke, damit das unhandliche Reiseutensil auch wirklich komplett bedeckt und nicht mehr zu sehen ist.

Der Dachdecker kommt eine Viertelstunde zu spät und hat schlechte Laune. Er ist ein kleiner, dicker Mann mit schütterem, über den Schädel gekämmtem, grauem Haar, einer großen, rot geäderten Nase, die seine Vorliebe für alkoholische Getränke offenbart, und einem immensen Bierbauch, der so weit über den Hosenbund ragt, dass die Gürtelschnalle vollständig darunter verschwindet. Offensichtlich ist er mit dem Vorsatz gekommen, ihr den Auftrag wieder auszureden.

«Maria, jetzt mal ehrlich, was willst du denn mit einem Reetdach. Das passt doch gar nicht zu dem Haus, ist sauteuer und außerdem unpraktisch. Wenn euch da mal der Blitz reinfährt ...»

«Dafür gibt es Blitzableiter, Lars», unterbricht ihn Maria sofort.

«Hast du das denn mit Michael besprochen?»

«Natürlich», antwortet sie spitz, «was glaubst du denn.»

«Eure Zimmer kriegt ihr doch auch so vermietet. Ohne das Reetdach. Und so viel mehr könnt ihr dann auch nicht verlangen. Nicht so viel, dass die Kosten wieder reinkämen.»

«Darum geht es nicht, Lars. Michael und ich, wir werden

keine Zimmer mehr vermieten. Wir wollen einfach nur unser Haus verschönern und unseren Lebensabend genießen.»

Lars Hamsun sieht sie mit einer Mischung aus Neid, Überraschung und Unverständnis an.

«Ihr wollt euch zur Ruhe setzen?»

Maria lächelt stolz und nickt.

«Ja, aber dann würde ich doch den Schuppen gleich verkaufen. Das Haus ist nicht viel wert, aber das Grundstück. Da kriegt ihr doch locker eure drei Millionen für. Und dann kauft ihr euch was im Süden und verbringt euren Lebensabend in der Sonne.»

Der Gedanke ist ihr nicht neu. Darüber hat sie auch schon nachgedacht. Aber was soll sie im Süden, wenn sie auf der Insel sein kann, dem wunderbarsten Flecken Erde, den der liebe Herrgott je erschaffen hat. Warum sollte sie in Spanien leben, wo sie die Sprache nicht spricht und keinen Menschen kennt, wo doch alle ihre Freunde und Bekannte hier auf der Insel leben. Und warum in ein fremdes Haus ziehen, wenn sie in diesem leben kann, in dem sie dreißig Jahre geduldet war, in dem sie ein Gast wie alle anderen Gäste auch gewesen ist. Jetzt kann sie ihr eigenes Leben führen, das Haus zu ihrem Heim machen, allem ihren Stempel aufdrücken. Das ist ihr Ehrgeiz und ein wenig auch ihre Rache.

«Nein, Lars», sagt sie, «der Süden ist nichts für mich. Ich liebe die Insel, und ich bleibe hier.»

«Ja, aber dein Mann …», unterbricht sie der Dachdecker, und ihr wird bewusst, dass sie nur von sich gesprochen hat, sich nicht als Ehefrau, als Teil von etwas, sondern als völlig selbständiges Individuum geäußert hat. Das muss einen

Mann wie Lars irritieren, der so ein selbstbewusstes Auftreten von verheirateten Frauen ihres Alters nicht gewohnt ist.

«Der Michael sieht das genauso», beeilt sie sich zu erklären. «Der würde doch nie die Insel verlassen.»

Lars Hamsun schüttelt den Kopf. «Also, dass ihr mit eurem sauer verdienten Geld nichts Besseres anfangen könnt, als das Haus mit Reet zu decken ...», moniert er erneut.

Maria begreift langsam, dass sie sich zu weit aus der Deckung gewagt hat, dass sie die Sache mit dem Reetdach zu schnell und zu forciert angegangen ist.

«Es steht doch noch gar nicht endgültig fest, Lars», lenkt sie ein. «Wir möchten einfach mal wissen, was so etwas kostet. Das ist alles. Was meinst du? Wie schnell kannst du uns einen Kostenvoranschlag machen?»

«In einer Woche.»

«Fein», sagt sie und verschränkt fröstelnd die Arme vor der Brust. «Magst noch auf einen Tee reinkommen?»

Lars Hamsun schüttelt den Kopf. «Ein ander Mal gern. Aber ich habe gleich noch einen Termin.»

Sie verabschieden sich mit einem kurzen Kopfnicken voneinander, und Maria geht zurück ins Haus.

Nachmittags fährt Maria nach Kampen. Sie hat eine Reihe von Besorgungen zu machen, läuft durch den Ort und beobachtet die Touristen, die die Straße entlangschlendern oder vor den Schaufenstern der Geschäfte stehen bleiben und neugierig hineinspähen. Problemlos lässt sich sagen, wer hier lebt und wer hier Urlaub macht. Das fängt bei der Mimik an und hört bei der Kleidung auf. Die Gäste folgen einem Dress-Code, der lockere Freizeitkleidung, bevorzugt in den Farben Blau, Weiß und Rot, vorschreibt. Eine Mischung aus Segel- und Wanderkleidung, vor der Abreise zu Hause neu erstanden, oder gründlich gereinigt, gebügelt und knitterfrei im Koffer verwahrt. In ihren Gesichtern spiegelt sich der felsenfeste Wille, den teuer bezahlten Urlaub zu genießen und gleichzeitig die Unfähigkeit, das auch wirklich zu tun. Natürlich sind nicht alle so. Aber viele.

Maria möchte noch mehr Wohnzeitschriften kaufen und hat doch Hemmungen, zum Kiosk zu gehen. Aber es bleibt ihr keine Wahl. Der Besitzer, Heinz Larcher, der ganz in eine Zeitung vertieft im hinteren Teil des Kiosks sitzt, blickt auf und zwinkert ihr vertraulich zu, als er sie erkennt.

«Na», sagt er, «was kann ich für dich tun?»

Maria nennt ihm die Namen mehrerer Hochglanzmagazine und beißt sich verlegen auf die Lippe. Die Reaktion, vor der sie sich gefürchtet hat, lässt nicht lange auf sich warten.

«Wozu brauchst du die denn alle? Willst du renovieren?»

Maria lächelt angestrengt. «Nein, das nicht gerade. Ich will mich nur ein bisschen informieren.»

Larcher nickt, sucht die Zeitschriften zusammen und legt sie neben die Kasse. Während sie ihn beobachtet, wie er mit geübtem Griff die Magazine aus den Zeitschriftenbergen herauszieht, kommt die Erinnerung wie eine verwaschene Traumsequenz zurück. Sie sieht sich, wie sie vor zwei Wochen für die kleine Tochter eines ihrer Gäste in der Scheune nach einer Schachtel mit getrockneten Seepferdchen gesucht hat. Die Schachtel hat sie nicht gefunden, dafür den alten Lederkoffer. Er stand hinter einer vor langer Zeit ausrangierten Kühltruhe, die nur noch in Ausnahmefällen benutzt wird. Und zwar direkt neben dem alten Brunnenschacht. Nachdem Maria gesehen hatte, was sich darin befand, war sie so entsetzt, so verletzt gewesen und aus der Fassung gebracht, dass sie ernsthaft darüber nachdachte, den Koffer samt Inhalt in den Schacht zu kippen. Sie hat es nicht getan. Die Hemmschwelle, fünf Millionen Mark einfach wegzuschmeißen, war dann doch zu groß gewesen.

Larcher tippt die einzelnen Beträge in die Kasse, und Maria geht kurz durch den Kopf, dass ihr Mann Gott sei Dank so schlau gewesen ist, seinen Lottoschein nicht hier auf der Insel, sondern irgendwo auf dem Festland einzureichen. Er hatte es geheim halten wollen. Und das war auch gut so, wie Maria im Nachhinein findet. Der Kioskbesitzer nennt ihr die Summe und packt die Zeitschriften in eine Papiertüte. Als Maria ihm das Geld über den Tresen reicht, lächelt er sie verschwörerisch an. «Weißt du was», sagt er augenzwinkernd, «da fällt mir gerade ein Witz ein. Pass mal auf! In welcher Zeitung steht die Nachricht: Mann wirft seine Frau zum Fenster raus?»

Maria, die keine Freundin von Larchers Witzen ist, zuckt gelangweilt mit den Achseln. «Weiß ich nicht.»

«In der Bildzeitung», verkündet er stolz. «Und wo steht die Nachricht: Frau wirft ihren Mann zum Fenster raus?»

«Keine Ahnung», antwortet Maria und greift nach der Tüte mit ihren Zeitschriften.

«In ‹Schöner Wohnen›», ruft Larcher begeistert aus, und Maria fällt die Tüte aus der Hand.

Maria staubsaugt den Teppichboden im Wohnzimmer, nachdem sie den ganzen Morgen die Schrankwand ausgeräumt, ausgewaschen und anschließend wieder eingeräumt hat. Trotz all der Mühe wirkt das Zimmer immer noch dunkel und muffig. Wieder einmal träumt sie von einem Durchbruch zwischen Wohn- und Esszimmer, von einem Wintergarten, der das Haus zum Watt hin erweitert. Mit zusammengekniffenen Augen steht sie da, ganz in die Vorstellung von einem großen, hellen Raum versunken, von pastellig gestrichenen Wänden, modernen Möbeln, großen bunten Blumensträußen und einem offenen Kamin. Kaum wendet sie sich erneut ihrer Hausarbeit zu, schrillt die Türklingel. Das wird Jan sein, denkt sie und läuft den schmalen, dunklen Flur zur Haustür hinunter. Doch es ist nicht der Nachbarssohn. Es ist Ole Rasmus, ein junger Polizist, der verlegen, von einem Fuß auf den anderen tretend, vor ihr steht.

«Hallo», sagt er, «wie geht's?»

«Es geht so», antwortet Maria und hält sich am Türgriff fest.

«Kann ich reinkommen?»

Sie nickt, tritt einen Schritt zur Seite und lässt den jungen Beamten an sich vorbei ins Haus. Der läuft schnurstracks ins Wohnzimmer und setzt sich auf einen der Sessel, die Maria demnächst zum Sperrmüll bringen wird.

«Maria, es ist Folgendes ...»

Sie hat Probleme, seinen Ausführungen zu folgen. Ihre Gedanken rasen kreuz und quer durcheinander. Was, denkt sie, was ist, wenn das Geld gar kein Lottogewinn war, sondern aus einem Banküberfall oder ähnlichen kriminellen Machenschaften stammt? Was, wenn die Polizei ihrem Mann längst auf die Schliche gekommen ist und sie jetzt als Mitwisserin verhaftet wird. Undeutlich dringt die Stimme des jungen Rasmus an ihr Ohr.

«... Ich möchte dich bitten, den Wagen abzuholen. Ist das möglich?»

Er greift nach ihrer Hand. «Alles in Ordnung Maria?», fragt er und mustert besorgt ihr blasses Gesicht.

«Ja, sicher», antwortet sie. «Wo, sagtest du, habt ihr seinen Wagen gefunden?»

«In Niebüll. Es sieht ganz so aus, als wäre er mit dem Zug weg.»

«Aber warum hat er denn das Auto stehen lassen ...»

«Der BMW hat einen Platten», antwortet der Polizist. Ihm ist die ganze Geschichte unangenehm. Maria hat ihren Mann vor einer Woche als vermisst gemeldet. Und behauptet, er müsse einem Verbrechen zum Opfer gefallen sein, denn noch nie sei er einfach so von zu Hause weggeblieben. Immer habe er ihr Bescheid gegeben, immer habe sie genau gewusst, wo er sich aufhalte und was er gerade mache. Die Polizisten hatten natürlich gleich vermutet, dass der Gemahl freiwillig das Weite gesucht hat. Das in Niebüll gefundene Auto bestätigt diesen Verdacht.

Maria Theissen streicht fahrig mit beiden Händen ihre Kittelschürze über den Knien glatt und überlegt, welche Reaktion jetzt von ihr erwartet wird. Sie beginnt zu weinen. «Ist er entführt worden?»

Der Polizist schluckt. «Sieht nicht danach aus», antwortet er und wundert sich, dass Ehefrauen so verdammt blind sein können, so gar nicht in der Lage sind, den Tatsachen ins Auge zu sehen. Maria putzt sich ausführlich die Nase. Dann sieht sie dem jungen Mann, den sie von Geburt an kennt, direkt ins Gesicht. «Du glaubst, er ist abgehauen, nicht?»

Verlegen mustert er seine Schuhe. «Die Möglichkeit besteht. Hast du schon einmal eure Bankkonten überprüft? Ist Geld abgehoben worden?»

Wieder streicht Maria fahrig über ihre Schürze. «Nein», sagt sie und ihre Stimme zittert ein wenig.

«Maria, jedes Jahr verschwinden Ehemänner, die nie wieder auftauchen. Die meisten machen sich einfach aus dem Staub. Sie tauchen unter und beginnen ein neues Leben. Ich weiß, das ist jetzt sehr hart für dich. Aber ...», und er räuspert sich, bevor er den Satz beendet, «... könnte es sein, dass es eine andere Frau gibt?» Maria schluchzt laut auf und schlägt sich die Hände vors Gesicht. Der junge Polizist nagt an seiner Unterlippe, rutscht unruhig auf seinem Sessel hin und her und verflucht seinen Job.

Gegen fünf Uhr klingelt es an der Tür. Jan, der Sohn der Nachbarin, ein dürrer, verschüchterter Junge mit struppigem blondem Haar und jeder Menge Aknepickeln im Gesicht, steht vor der Tür und lächelt sie verlegen an.

«Ich habe den Brunnenschacht zugemacht. Willst du's dir mal ansehen?»

Maria versteht den Wink, sagt: «Ja, natürlich. Ich ziehe mir nur schnell was an», läuft in die Küche und entnimmt ihrem Geldbeutel einen Zwanzigmarkschein, den sie in die Tasche ihrer Kittelschürze steckt. Dann schlüpft sie in ihre

Gummistiefel und wirft sich eine Strickjacke über. Schweigend geht sie mit Jan durch den herbstlichen Garten. Bei jedem ihrer Schritte wirbelt rotbuntes Laub in die Luft. Die blattlosen, knorrigen Äste der Birnbäume ragen in einen blassen Himmel, der Komposthaufen ist mit Raureif überzogen, die abgeblühten Stauden sind schwarz verfärbt und völlig vertrocknet. Zwischen den roten Klinkersteinen, mit denen der Weg gepflastert ist, sprießen winzige Grasbüschel. Zähe Überlebenskünstler, die auszurotten Maria schon lange aufgegeben hat. Als Jan das Scheunentor öffnet, quietscht es leise, und das schräg einfallende Sonnenlicht erhellt als flacher Keil den schmutzigen Scheunenboden und den alten, gemauerten Brunnen, der mit Moos und bräunlichen Pilzen überwachsen ist. Die runde Öffnung ist jetzt durch eine helle Kiefernholzplatte verdeckt.

«Massiv und fünf Zentimeter dick», sagt Jan stolz und klopft auf das Holz. «Da purzelt nichts mehr rein.»

«Vielen Dank», sagt Maria und drückt ihm den Geldschein in die Hand.

«Dafür nich», antwortet der Junge, steckt das Geld in seine Hosentasche, hebt die Hand zu einem kurzen Gruß und geht eilig hinaus. Maria setzt sich auf einen umgekippten Kübel und betrachtet den alten Brunnen. Dann, einer plötzlichen Eingebung folgend, steht sie auf, läuft zurück ins Haus, geradewegs ins Wohnzimmer und nimmt den Blumenstrauß, den sie am Morgen gekauft hat, aus der Vase. In der Scheune arrangiert sie die Rosen mit dem Schleierkraut und den Fresien zu einem kleinen Stillleben auf dem Holzdeckel. So ganz pietätlos will sie nicht sein. Pflichtbewusst legt sie eine Gedenkminute ein, gibt sich einem Gefühl echter Trauer und ehrlichen Bedauerns hin, wischt sich eine Träne aus dem Augenwinkel. Der Moment sentimentaler Rückbesinnung dauert nicht allzu lange.

Schon wieder wandert ihr Blick nervös durch die Scheune, schon wieder überlegt sie, was man alles aus dieser baufälligen Holzhütte machen könnte. Doch sie wird sich Zeit lassen müssen. Sie darf nichts überstürzen. Die Geschichte mit dem Reetdach war übereilt. Das wird sie wieder rückgängig machen. Die Leute werden sich auch so das Maul zerreißen, über ihren verschwundenen Ehemann und dessen Lebensstil und natürlich darüber, dass sie keine Zimmer mehr vermietet. Für den Anfang bietet sie genügend Gesprächsstoff. Der wird die lieben Nachbarn noch eine ganze Zeit beschäftigen und Anlass für Gerüchte und Klatsch liefern. In zehn Jahren denkt sie, in zehn Jahren wird niemand mehr darüber reden, sich keiner mehr ernsthaft dafür interessieren. Dann wird sie zweiundsechzig Jahre alt sein und Michael für tot erklären lassen. Dann kann sie behaupten, das Geld stamme von seinen Versicherungen. Dann wird ihr Leben beginnen. Aber solange muss sie sich noch gedulden.

Hinrich Matthiesen

Moses im Watt

Vom alten Rasmus Lauridsen wusste man, dass er für seine
Zuhörer immer einen Schatz an bunten Geschichten bereit-
hielt. Und nicht nur das, er konnte sie ihnen nahe bringen,
als wäre das Erzählen sein Beruf. Dabei war er ein Kapitän im
Ruhestand, aber man sagt ja, dass zu einem Fahrensmann
nun mal das Seemannsgarn so unabänderlich gehört wie das
Rauschen zum Meer.

Was er indes über Karen Brok aus Morsum, dem im Osten
der Insel Sylt gelegenen Dorf, mitzuteilen hatte, wagte, jedenfalls von den Einheimischen, niemand in Zweifel zu ziehen. Sie selbst hatte mit ihm mehrmals über ihr Abenteuer
gesprochen, und alle Ereignisse, die es zur Folge gehabt hatte,
belegten im Nachhinein ihren Bericht, den sie also zuerst
ihm, Rasmus Lauridsen, und dann, sobald der finstere Hintergrund des Geschehens offenbar geworden war, einer ganzen Reihe von behördlichen Ermittlern erstattet hatte. Daher
sah er nie einen Grund, das nun fast ein Jahrzehnt zurücklie-
gende Begebnis seinen jeweiligen Zuhörern vorzuenthalten.

Auch an diesem Abend hatte der alte Seebär ein Publikum.

Anfangs bestand es aus nur sieben Personen. Sie hatten sich im «Landhaus Nösse» eingefunden, dort zu Abend gegessen, waren dann aber noch zu gemütlichem Umtrunk in der «Kaptains' Stuuv» sitzen geblieben und ihm, wie sie zuerst meinten und wogegen sie auch nichts einzuwenden hatten, ins Garn gegangen. Aus den sieben Zuhörern waren binnen kurzem zwölf geworden, so viele nämlich, wie der größte der im Raum vorhandenen Tische an Plätzen bot. Ja, und schließlich hatten sogar auch jene Gäste, die an den Nachbartischen saßen, die Ohren gespitzt, sodass ihm bald darauf an die zwei Dutzend Gesichter zugewandt waren.

Die Umgebung passte zu dem Insulaner, der sich oft in dieser edlen Herberge aufhielt. Mit ihrem roten Backstein und dem ausladenden Reetdach fügte sie sich unaufdringlich in die herbschöne Landschaft von Nösse, der Sylter Nase, ein. Von den drei im Hause vorhandenen Restaurants schätzte er, wie nicht anders zu erwarten, besonders die «Kaptains' Stuuv», weil deren Interieur ihn an das halbe Jahrhundert seiner Fahrenszeit erinnerte, sei es durch die maritimen Gemälde und Fotos, sei es durch die große Schiffsglocke, die Weltkarte, die alte Seekiste, die Lampen und das weitere nautische Zubehör. Hier stimmte einfach alles, und der Umstand, dass unter demselben Dach dann auch noch köstliche Speisen und Getränke zu haben waren, hatte längst darüber entschieden, dass er, nachdem er die sieben Weltmeere und die tausend Häfen hinter sich gelassen hatte, nur allzu gern hier vor Anker ging.

An diesem Abend also erzählte er mal wieder, und schnell wurde klar, dass er mit langem Atem zu Werke gehen würde, denn er ließ nichts aus von dem, was Karen Brok ihm mitgeteilt hatte. Mehr noch, gewitzt und gesprächig, wie er war, reicherte er die ebenso schaurige wie wundersame Begebenheit durch eigene Zusätze an, rüttelte jedoch nicht am Fundus des Geschehens, sondern lieferte lediglich ein bisschen Atmosphäre, wie sie an dem fraglichen Tag geherrscht haben mochte, sowie ein paar Einzelheiten aus Lebensweise und Gedankenwelt der Karen Brok mit, und so blieb es doch ganz und gar ihre Geschichte.

«Der erste Herbststurm», hatte er begonnen, «war glimpflich verlaufen. An der Wattseite war die Flut noch gut einen Meter unterhalb der Deichkrone geblieben und damit den im Hinterland gelegenen Wiesen mit dem dort weidenden Vieh keinen Augenblick lang gefährlich geworden. Nur wenige Jahre zuvor hätte ein gleich hoher Wasserstand fatale Folgen gehabt, denn den Nössedeich hatte man erst kürzlich mit beträchtlichem Aufwand und entsprechenden Kosten erhöht und so den dahinter wohnenden Menschen mehr Sicherheit gegeben.

Es war vier Uhr nachmittags an diesem nasskalten Oktobertag und nach einer Woche mit nur leichter Brise jetzt fast windstill. Karen Brok aus Morsum machte, wie immer zu dieser Stunde, ihren Deichspaziergang. Den Papieren nach hieß sie Karen Olesen, doch alle im Dorf nannten sie Karen Brok. Zu dem Spitznamen war sie durch eine biographische Besonderheit gekommen. Das ist auf Sylt üblich. So kann ein Ofensetzer Carsten Schamott heißen und eine Redakteurin

Carla Kultur. Selbst vor makabren Namensgebungen schrecken wir nicht zurück, nennen zum Beispiel unseren Bestattungsunternehmer, obwohl dieses Gewerbe nur ein Nebenzweig seiner florierenden Tischlerei ist, Hosche Lik, wobei wir der Koseform seines Vornamens Horst einfach das friesische Wort für Leiche hinzufügen. Manchmal vererben sich diese Namen sogar auf die Kinder. So war es auch bei Karen.

Im Hungerjahr 1917 hatte bei den Olesens fast jede Mittagsmahlzeit nur aus Milch und Brot bestanden. Vom Laib wurden kleine Stücke abgebrochen und in die je nach der Jahreszeit heiß oder kalt servierte Milch getunkt. Auf Friesisch heißt dieses bescheidene Gericht ‹Molk en Brok›. Manne Olesen, Karens Vater, der damals ein Schulkind war, hatte auf die Frage, was es zu Hause zu essen gebe, daher meistens, und zwar mit markanter Betonung des letzten Wortes, erwidert: ‹Molk en Brok!› Das scharf akzentuierte ‹Brok› setzte sich in den Ohren der Mitschüler fest, und dann bedurfte es nur noch zweier oder dreier Gelegenheiten eines vorwitzigen Nachäffens, und schon hatte er seinen Spitznamen weg. Manne Brok hieß er von da an, und weil ein Dorf ein gutes Gedächtnis hat, schützte auch nach Jahrzehnten nichts die 1947 zur Welt gekommene Karen vor diesem Namen.

Sie stieg also die fünfunddreißig steinernen Stufen empor, die in die steile Innenseite des mächtigen Schutzwalles eingelassen waren; am seewärtigen, sanft abfallenden Hang hingegen war eine Treppe nicht nötig.

Sie hatte die Deichkrone erklommen und ging nun auf das Watt zu. Den erhöhten Pegelstand der jüngsten Sturmflut konnte sie mit einem nur flüchtigen Blick von der Böschung ablesen. Dort nämlich hatte das Meer, bevor es sich, dem Gezeitenwechsel folgend, wieder zurückzog, einen dunklen Streifen aus Seegras, Muschelresten und leeren Krebsgehäusen hinterlassen.

Mit ihrem Gehstock – sie litt seit einiger Zeit unter Hüftbeschwerden – polkte sie den ganz leicht nach Moder riechenden Wulst auseinander, ohne dabei nach etwas Bestimmtem zu suchen, fand ein Büschel Blasentang, brachte mit dem Stock eine der kleinen, wie aus Gummi geschaffenen Taschen zum Platzen, ließ jedoch schnell wieder ab von dem nutzlosen Spiel und legte ein Stück Kork frei. Einen Moment lang dachte sie, dass es vielleicht zu einer Schwimmweste oder einem Rettungsring gehört hatte und Zeugnis war eines Überlebenskampfes weit draußen auf dem Meer, aber dann sagte sie sich, es könne ebenso gut Teil eines Fenders sein.

Sie bewegte sich weiter auf das Ufer zu, erreichte einen Pulk von Schafen, die sich durch sie nicht gestört fühlten, sondern ruhig weiterfraßen. Ein junger Bock kam sogar auf sie zu und ließ sich von ihr den Kopf kraulen. Sie liebte diese genügsamen Tiere, hielt sich selbst vier davon auf der Wiese vor ihrem Haus, schätzte ihre Wolle und ihre Milch. Für den Deich aber waren sie darüber hinaus noch von besonderer Bedeutung: Sie traten den Boden fest und sorgten dafür, dass das Gras kurz blieb.

‹Nun lauf wieder zu deinen Leuten!›, rief sie nach einer Weile dem Bock zu und setzte ihren Weg fort. Sie überstieg die zum Schutz in den Deichfuß gerammten, bis zu fünfzig Zentimeter hohen Basaltblöcke und befand sich nun auf der breiten Asphaltbahn, die von Radfahrern, Feriengästen wie Insulanern, als besonders angenehme Strecke empfunden wird. Von Wasser und Deich gesäumt, fährt man durch wohltuende Stille und Abgeschiedenheit, und wenn doch mal Geräusche ertönen, dann sind es die der Vögel oder der Schafe.

Sie stieg über eine weitere Böschung hinweg. Zwischen der Asphaltbahn und dem Schlick gibt es ja noch die in Beton eingebetteten Natursteine. Barfuß ist dieser letzte Saum wegen seiner Unebenheit nur schwer zu begehen, aber Karen Brok trug Gummistiefel, und so konnte sie ihn ganz gut bewältigen. Überhaupt war sie wetterfest angezogen. In den Stiefelschäften steckten Hosenbeine aus grauem Wollstoff, und über ihrem ebenfalls grauen Rollkragenpullover hatte sie eine dunkelblaue Windjacke an, deren hochgeschlagene Kapuze ihren graublonden Pagenkopf schützte. Das Haar ist bei ihr allerdings das einzig Pagenhafte, und sie trägt es, wie sie mir mal erzählt hat, nur deshalb so, weil alles andere an ihr eher etwas derb ist, so zum Beispiel das apfelbäckige Gesicht, die kräftigen Arme und Hände und der stämmige Körper.

Sie wollte, wie immer, wenn sie bei Ebbe hier draußen war, an der Schlickkante entlang nach Westen gehen, dann irgendwann den Deich überqueren und an seiner Innenseite den Rückweg antreten. Doch diesmal zwangen ihre Füße sie in eine andere Richtung, oder vielleicht auch – wer kennt denn schon immer den Zweck jeden Schrittes, den er macht – wollte sie die Objekte ihres Ärgers diesmal genauer in Augenschein nehmen. Jedenfalls tat sie etwas, was sie zuletzt als Kind getan hatte: Sie betrat eine der quer zum Ufer errichteten Lahnungen, ging auf dem ungefähr sechzig Zentimeter aus dem

Schlick ragenden Reisigdamm ein Stück seewärts, blieb dann stehen und sah voller Unmut nach links hinüber zum Festland, wo einige Dutzend Windkraftanlagen ihre monströse Hässlichkeit in den Himmel reckten. Sie hoffte, wie jedes Mal beim Anblick der rotierenden weißen Flügel, ihre Insel möge auf alle Zeiten verschont bleiben von dieser modernen Technik, die zwar auf saubere Weise Strom erzeugt, dabei aber, zumindest nach ihrer Ansicht, die Landschaft zerstört. Umweltschutz, meinte sie, müsste doch auch den Augen zugute kommen. Da drüben aber, in der Wiedingharde, und auch nördlich davon in der dänischen Nachbarregion, spielte man, wie sie fand, den Augen übel mit, und wehe dem, der dort wohnte und diesem Frevel tagtäglich ausgesetzt war!

Ja, Karen Brok mit ihrem Sinn für Ausgewogenheit zwischen dem, was die Natur zu bieten hat, und dem, was die Menschen daraus machen, wird auch heute noch zornig, sobald ihr Blick nach Osten übers Watt geht und die an riesige spukende Gebeine erinnernden Windmühlenflügel ihr das schöne Bild aus Wolken und Wasser beschädigen.»

An dieser Stelle wurde Rasmus Lauridsen unterbrochen.

«Ja, lebt die Frau denn auf dem Mond?», erboste sich ein Mann vom linken Nachbartisch. «Es gibt doch nichts Vernünftigeres als Energieerzeugung durch den Wind! Er verbraucht sich nie und die Atmosphäre bleibt sauber.»

Rasmus Lauridsen lächelte. Fast jedes Mal war unter seinen Zuhörern einer, der ihm mit diesem Einwand kam, und so antwortete er, wie stets bei solchen Gelegenheiten, versöhnlich und dennoch bestimmt:

«Sicher, aber was Karen vom Umweltschutz für unsere

Augen sagt, ist auch nicht von der Hand zu weisen. Übrigens muss ich zwischen heute und damals unterscheiden. Neuerdings sind ja die Off-Shore-Anlagen, die Windfarmen weit vor der Küste, im Gespräch. Dagegen hat sie nichts, wie sie mir neulich erklärt hat. Schließen wir also einen Kompromiss mit ihr: Off-Shore-Anlagen: Ja. Aber die Monster vor der Haustür: Nein!»

«Okay», erwiderte der Mann, «wenn sie die Windenergie nicht in Bausch und Bogen verdammt, ist sie ja vielleicht noch zu retten.» Und gleich darauf fügte er hinzu: «Bitte, fahren Sie doch fort!»

«Gern. Also, sie stapfte weiter auf dem von seitlich errichteten Pfählen gestützten Reisigdamm, trat, ihren Unmut noch im Kopf, kräftiger auf als vorher, blieb jedoch wenig später erneut stehen, denn sie hatte, ein Stück voraus rechts neben der Lahnung, etwas Großes, knallig Gelbes im grauen Schlick entdeckt.

Was war denn das?

Zwar hatte sie im Watt, natürlich vorwiegend bei Ebbe, schon oft zivilisatorischen Abfall vor Augen gehabt, leere Plastikbeutel und Joghurtbecher, auch mal einen alten Schuh und den Deckel eines großen Koffers und einmal sogar ein Fahrradwrack, doch all das hatte unverkennbar nach Müll ausgesehen, während dieses gelbleuchtende Objekt wie etwas Intaktes wirkte, das sich offenbar an einem der Pfähle festgesetzt hatte.

Ein abgestürzter Drachen vielleicht, den die Kinder, weil sie sich nicht so weit hinauswagten, aufgegeben hatten? Der Größe und der grellen Farbe nach könnte es einer sein, dachte sie, und wenn sie ihn auch nicht unbedingt holen wollte, so verspürte sie doch die Neigung, nachzusehen, denn der Drachenabsturz war ja nur eine von mehreren Möglichkeiten.

Sie ging weiter, stakte, immer auf ihren Stock gestützt, über den unwegsamen Pfad, blieb aber bald schon wieder stehen. Sie hatte ein Geräusch vernommen, lauschte. Dann sah sie die beiden Möwen, die sich, wohl aufgeschreckt von den Menschenschritten, aus dem Gelb erhoben und mit Geschrei davonflogen. Doch obwohl nur Sekunden später die weißlichen Federkleider kaum noch zu erkennen waren und schließlich vollends in das große Grau des Himmels eintauchten, ebbte das Geräusch nicht ab. Im Gegenteil, je näher Karen Brok ihrem Ziel kam, desto lauter, ja, schriller tönte es ihr entgegen. Nach weiteren sieben, acht Schritten, die sie so forsch zurücklegte, wie es nur ging, wurde der Lärm eindeutig: Das war keine dritte Möwe, nein, da schrie ein Kind, ein Baby.»

«Also nun doch ein bisschen Seemannsgarn», warf einer der Zuhörer ein, aber es klang keineswegs vorwurfsvoll, eher amüsiert.

«Nein», entgegnete Rasmus Lauridsen und fuhr gleich fort: «Zugegeben, so hört es sich an, aber es ist die reine Wahrheit.»

Und dann bekam er sogar Schützenhilfe. Eine Frau machte sich bemerkbar, und es rührte ihn, daß sie, bevor sie zu sprechen begann, ihren Finger hob, so als wäre sie in der Schule.

«Na?», fragte er und nickte ihr zu.

«Ich habe von dem Fall gehört. Ich komme aus einem kleinen Ort in Niederbayern, und unsere Lokalzeitung brachte damals die Geschichte. Ich hab sie noch gut in Erinnerung. Das zog sich über mehrere Tage hin, und jedes Mal kamen neue Einzelheiten hinzu. Die Aufklärung …»

Nun musste er sie unterbrechen: «Bitte, jetzt nicht! Es soll ja noch ein bisschen spannend bleiben. Aber ich danke Ihnen dafür, dass Sie mir beistehen.»

Zwei weitere Zuhörer bekundeten, dass auch sie sich, allerdings nur vage, an entsprechende Berichte erinnerten.

Er nahm seinen Faden wieder auf: «Karen Brok beeilte sich nun noch mehr, und als sie angekommen war, kniete sie erst mal nieder und hätte wohl kaum sagen können, was dazu den Anlass gegeben hatte, Erschöpfung oder Ergriffenheit, Sorge oder Neugier oder eine Mischung aus alledem. Jedenfalls hatte sie im nächsten Augenblick das ganze Drum und Dran und auch das Darin dieses seltsamen Fundes erfasst: Ein etwa zweieinhalb Meter langes zitronengelbes Schlauchboot hatte sich mit seiner herabhängenden Bergeleine in der Reisigwand verheddert und lag, leicht verkantet, im Schlick. In seinem Innern stand, mit Seilen festgezurrt, der Aufsatz eines Kinderwagens. Ja, und in dem radlosen Gehäuse schrie tatsächlich ein Baby. Es schrie mörderisch, und Mord war ja wohl auch das Geschäft gewesen, um dessentwillen die beiden zänkischen Vögel sich an ihrer Beute zu schaffen gemacht hatten. Zum Glück war das Dach nicht zurückgeklappt, sodass die Möwen sich dem Opfer nicht im Herabstürzen, sondern, stark abgebremst, nur von vorn und mit sehr kurzem horizontalen Anflug hatten nähern können, und dort waren ihnen, wiederum zum Glück, Kissen und Decken im Weg gewesen. Dennoch mussten sie es zumindest einmal geschafft haben, an das Baby heranzukommen, denn Karen Brok entdeckte am Bettzeug frisches Blut.

Sie legte ihren Stock beiseite, beugte sich, immer noch auf der Lahnung kniend, ins Boot hinab, befreite das Gehäuse aus seiner Verschnürung, indem sie zunächst die Knoten löste, dann die Leine aus den in die Bordwände gestanzten Ösen zog und sie schließlich vom Gestänge des Kastens streifte.

Sie hob den Kasten empor und setzte ihn neben sich auf dem Reisigdamm ab. Danach schälte sie aus dem blutbefleckten Bettzeug das Baby heraus, legte ihm jedoch, weil sie sah, dass es blau gefroren war, sofort wieder eine der Decken um. Mit ihrem Taschentuch wischte sie das Blut aus dem winzigen, vom Schreien verzerrten Gesicht und erkannte, dass ein Schnabelhieb das Kind am Kinn verletzt hatte. An der linken Seite klaffte eine kleine Hautspalte, und Blut drängte nach.

Sie wusste, es war nun höchste Zeit, das erbarmungswürdige Wesen nach Hause zu bringen. Sie warf noch einen Blick auf das zerknitterte Gesicht, sah dabei in rabenschwarze Augen, legte dann das Kleine in die Kissen zurück, deckte es gut zu, deponierte ihren Stock auf dem Bettzeug, stand mühsam auf, hob schließlich den Kasten hoch und machte sich damit auf den Heimweg.

Um das Schlauchboot kümmerte sie sich nicht, sah sich nicht einmal danach um, dachte nur: Soll's jemand finden und sich drüber freuen!

Ihr reetgedecktes Friesenhaus stand, nur einige hundert Meter vom Deich entfernt, auf einer Warft. Es war ein altes, baufälliges Gehöft aus rotem Backstein, vor mehr als zweihundert Jahren inmitten der Morsumer Wiesen errichtet. Sie hatte es von ihren Eltern geerbt und wohnte allein darin.

Das Baby hatte aufgehört zu schreien, und sogleich packte Karen Brok die Angst, es könnte womöglich auch nicht mehr atmen. Sie lief schneller. Nach etwa einer Viertelstunde – es begann schon zu dämmern – erreichte sie ihr Haus, ohne jemandem begegnet zu sein. Sie ging gleich durch in den geheizten Pesel.

Als sie das Baby aus seinem Kasten hob, sah sie zu ihrer grenzenlosen Erleichterung, dass es lebte, wickelte es aus, betrachtete irritiert den dunkel getönten Körper. Aber ein Negerkind war es nicht, was sie da aus dem Watt geholt hatte; eher trug der Kleine indianische Züge. Vorsichtig legte sie ihn in seine Kissen zurück, um ihm in einer Zinkwanne ein warmes Bad zu machen.

Sie wusch ihn und entdeckte dabei auf seinem Rücken eine etwa handtellergroße grünlichviolette Verfärbung. Zunächst hielt sie das für die Folge eines Stoßes, den das Kind erlitten haben musste, strich mit der Rechten über die Stelle, ganz zart nur, um ihm nicht wehzutun, doch als sie merkte, dass es ihm nichts ausmachte, fester. Eine Verletzung war das nicht, nur eben ein Fleck auf der Haut. Von ihrem Großvater, der als Seemann oft in Südamerika gewesen war, wusste sie, dass die Kinder der Indianer und manchmal auch die der Mestizen mit einer solchen Verfärbung des Rückens auf die Welt kommen und dass dieses offenbar rassisch bedingte Merkmal erst nach mehreren Jahren verschwindet.

Der Mongolenfleck und also tatsächlich ein Indianerkind!,

dachte sie, während sie den Kleinen, der sich gehörig beschmutzt hatte, in dem lauwarmen Wasser wusch. Aber wie um alles in der Welt treibt es an der Küste unserer Insel an?

Natürlich fiel ihr jetzt Gret Skrabbel ein, die Ahnfrau vieler Sylter, von der es hieß, sie sei um das Jahr 1620 in einer Wiege am Strand von Rantum angetrieben worden. Eine Familie aus dem Dorf hatte sie aufgenommen, und zahlreiche Insulaner führten ihre Herkunft auf sie zurück, nicht ohne einen gewissen Stolz, denn zur Nachkommenschaft der Gret gehörten einige Grönlandkommandeure, von denen der herausragendste, Lorenz de Haan, auch ihr, Karens, direkter Vorfahre war.

Und nun, dachte sie, gibt es knapp vierhundert Jahre später eine Wiederholung dieses Ereignisses, und ich, Karen Olesen, finde den kleinen Schiffbrüchigen in unserem Wattenmeer, kann ihn gerade noch rechtzeitig bergen, bevor die Möwen ihn zerfleischen!

Sie hob den Säugling aus der Wanne, ergriff das bereitgelegte Handtuch und rubbelte ihn behutsam trocken. Aber was sollte sie ihm jetzt anziehen? Da sie selbst nie Kinder gehabt hatte – ihr Leben war mit der Betreuung der kränkelnden Eltern ausgefüllt gewesen –, besaß sie nicht ein einziges Stück Babywäsche. So holte sie, den Kleinen auf dem Arm, noch mehr Handtücher, wählte dabei die weichsten aus, umwickelte ihn damit und legte ihn fürs Erste in seinen Kasten zurück. Anschließend ging sie ins Badezimmer, versorgte sich dort mit Salbe und Heftpflaster, kehrte zurück in den Pesel und behandelte die Kinnverletzung.

Ein Kinderbett hatte sie auch nicht, und der Wagenaufsatz

und die Decken waren doch viel zu klamm! Was also sollte sie tun? Nach kurzem Überlegen schob sie zwei der noch von den Eltern stammenden Korbstühle so zurecht, dass deren Sitzflächen mit ihren offenen Seiten einander zugekehrt waren, holte dann eine Kordel aus ihrem Nähtisch und band jeweils die vorderen Stuhlbeine zusammen. So wurde aus den einst von einem blinden Keitumer Korbmacher für die Ewigkeit geflochtenen Möbelstücken ein halbwegs passables Bettchen. Die beiden Polster dienten als Matratzen; Handtücher, Kissen und Schals ersetzten das Bettzeug.

Eigentlich hätte sie jetzt zum Telefon greifen müssen, wobei mindestens fünf Nummern für einen Anruf in Betracht gekommen wären: die vom Roten Kreuz, die der Westerländer Klinik, die der Polizei, die ihres Hausarztes und die des Morsumer Pastors. Doch sie setzte sich stattdessen, nachdem sie den dritten Korbstuhl herangezogen hatte, vor das provisorische Lager. Sie fragte sich, wie sie, unkundig im Umgang mit Säuglingen, dem ihr zugefallenen Kind zu essen und zu trinken geben sollte. Nicht lange, und ein Lächeln ging über ihr Gesicht: Nun heiße ich schon mal Karen Brok, weil Milch und zerbröckeltes Brot mir zu diesem Namen verholfen haben! Warum soll die Beköstigung aus der Notzeit nicht auch jetzt, wiederum in einer Notzeit, für den bestimmt hungrigen Burschen ausreichend sein?

Sie ging in die Küche, nahm Milch aus dem Eisschrank, wärmte sie und füllte sie um. Dann setzte sie sich, in der einen Hand die Schüssel, neben sich auf dem Tisch den Teller mit rindenfreiem Weißbrot, wieder ans Bett, tauchte einen winzigen Brocken ein und schob ihn in den kleinen Mund.

Die bläulichroten Lippen setzten sich, kaum hatten sie das Klümpchen berührt, in Bewegung. Das Häppchen verschwand, ein zweites folgte, darauf ein drittes, ein viertes. Schließlich zählte sie nicht mehr, sah nur mit Freuden, wie es dem Baby schmeckte. Ja, als sie eine Pause einlegte, weil sie fürchtete, es könnte sich vor Gier verschlucken, setzte Geschrei ein, sodass sie sofort für Nachschub sorgte, und da kehrte Ruhe ein.

Irgendwann, sie hatte nicht auf die Uhr gesehen, war der Kleine satt, machte den Mund nicht mehr auf, und die Augen fielen ihm zu.

Sie stellte die Schüssel auf dem Tisch ab und betrachtete das schlafende Kindergesicht, griff noch immer nicht zum Telefon, ließ stattdessen ihren aufgewühlten Gedanken freien Lauf. Was mochte dort draußen auf dem Meer geschehen sein? Welche Möglichkeiten gab es überhaupt?

Diese vielleicht: Ein Schiff im Sturm, ein kleines im Wattenmeer oder ein größeres in der offenen Nordsee, jedenfalls eines, das wegen einer Havarie manövrierunfähig ist und von den Wellen hin und her geworfen wird. An Bord auch ein Elternpaar mit seinem Kind. Um wenigstens dem Baby eine Chance zu geben, setzen sie …

Nein, nein, so wohl doch nicht, denn was sie sich da zusammenreimte, war ja die alte Geschichte der Gret, die, wie die Chronisten sagen, von ihren Eltern, bevor sie mit dem Schiff untergingen, in eine Wiege gelegt und dem Meer überlassen worden war in der Hoffnung, sie werde irgendwo lebend antreiben. Und außerdem: Weder in der Zeitung noch im Fernsehen war in den letzten Tagen und Wochen von einem Schiff in Seenot, geschweige denn von einem gesunkenen Schiff in der Gegend die Rede gewesen. Nein, das Schicksal ihrer Ahnfrau hatte sich hier gewiss nicht wiederholt, und da es im Grunde bei einem ans Ufer gespülten Kind nur zwei Varianten einer vorausgegangenen Katastrophe gab, nämlich eine Havarie oder ein Verbrechen, blieb, wenn erstere entfiel, allein die Straftat.

Natürlich hatte sie von Fällen gehört, in denen Mütter ihr Baby im Stich gelassen und sein weiteres Ergehen anderen überantwortet hatten. Sie wusste, dass Säuglinge in Hauseingängen abgelegt wurden, auch vor Kirchenportalen, wohl weil dort in besonderem Maße mit Barmherzigkeit und Hilfe zu rechnen war. Auch an Waldrändern oder Wiesen waren Kinder gefunden worden, was, wie sie fand, einem Aussetzen auf See schon recht nahe kam.

Sie beugte sich vor, strich dem Kleinen mit dem Zeigefinger ein paar Mal über die Wange, dann über das schwarze, struppelige Haar, glättete es, lehnte sich wieder zurück.

Wo mag jetzt die Mutter sein? fragte sie sich. Und was mag ihr durch den Kopf gehen, wenn sie es denn war, die ihr Kind dem Meer überlassen hat? Welche Not hat sie umgetrieben? Warum hat sie einen Weg gewählt, der dem Winzling eine so verschwindend geringe Chance gab? Auch die einfältigste Mutter muss wissen, dass ein per Schlauchboot durchs Meer treibendes Baby vielen Gefahren ausgesetzt ist, allen voran so elementaren wie dem Verhungern und Erfrieren. Und überhaupt! So ein Boot konnte kentern, sei es im Sturm oder durch eine Kollision mit Treibgut. Das Seil konnte reißen und der Kasten über Bord gehen. Die Verschlüsse der Luftkammern konnten sich öffnen, und die Folge wäre, dass das Behältnis mit dem Baby darin das Fahrzeug langsam in die Tiefe drücken würde. Und dass auch noch etwas ganz anderes das Kind gefährden konnte, hatte Karen schließlich selbst beobachtet, denn es wäre wohl nur eine Frage der Zeit gewesen, dass die Möwen den Kleinen getötet hätten.

Wirklich dachte sie, wer immer ihn dem Meer überlassen hat, er muss das alles gewusst haben.

Sie stand auf und begann, den Kasten zu untersuchen. Er schien ganz neu zu sein. Ebenso machten die Kissen und Decken, wenn man die Blutflecken außer Acht ließ, einen neuwertigen Eindruck. Auch das Schlauchboot war, soweit sie sich erinnerte, in perfektem Zustand. Womöglich, überlegte sie, ist alles eigens für dieses Vorhaben gekauft worden. Aber wie passen solche Ausgaben zu dem Bild der Not leidenden Mutter, die fürchtet, ihr Kind nicht durchbringen zu können?

Es war schon acht Uhr, als sie schließlich doch meinte, sie müsse nun irgendwo anrufen und ihren seltsamen Fund melden. Die dafür in Frage kommenden Einrichtungen oder Personen fielen ihr auch alle sofort wieder ein, aber bei jeder kamen ihr neue Bedenken. Was sollte denn wohl – sie sah hinüber zu dem Kleinen – unser Pastor mit dir anfangen? Na ja, vielleicht würde seine Frau sich um dich kümmern, aber das könnte doch genauso gut ich!

Es grenzte schon ans Groteske, dass dann auch noch ein Begriff wie ‹Fundbüro› in ihrem Kopf herumschwirrte und sie sich daran erinnerte, wie sie als Kind auf dem Weihnachtsmarkt ein Portemonnaie mit dreiundzwanzig Mark gefunden hatte, es brav ablieferte und es, weil der Verlust von niemandem gemeldet worden war, nach genau einem Jahr zurückbekam. Würde man, wieder sah sie zu dem Kleinen hinüber, auch dich mir zurückgeben? Aber was wäre dann mit dem ganzen langen Jahr?

Schon jetzt hatte sie Angst, man könnte ihr das Baby, von dessen Existenz sie noch vor wenigen Stunden nichts gewusst hatte, wieder wegnehmen, und so verschob sie das Telefonieren auf den nächsten Tag. Viel lieber wollte sie an etwas ganz anderes denken, an einen Namen für das Kind. Schon bald fiel ihr einer ein: Moses. Aus zwei Gründen fand sie ihn passend. Zum einen gab es, was das Rätsel der Herkunft anging, das biblische Vorbild. Zum anderen erinnerte sie sich an Erzählungen ihres Großvaters, in denen der Jüngste einer Schiffsbesatzung so genannt wurde.

‹Hallo, Moses Brok›, sagte sie und beugte sich über den kleinen Exoten, der immer noch schlief, ‹willst du bei mir bleiben? Wir könnten doch wunderbar zusammen hier leben! Das Haus ist für mich allein ohnehin viel zu groß.›»

Der Alte hatte geendet, vorerst jedenfalls. Das gab seinem Publikum die Gelegenheit, neue Getränke zu bestellen. Als der Kellner die Wünsche notiert hatte und wieder gegangen war, sagte eine junge Frau in reinstem Schwäbisch und begleitet von einem Mienenspiel voller Zweifel:

«Also, ich weiß nicht ... Wenn vor fast vierhundert Jahren diese ..., diese Sylter Ahnfrau am Rantumer Strand antrieb, gab es dafür ja nun wirklich eine einleuchtende Erklärung. Aber in heutiger Zeit ein halber Kinderwagen im Wattenmeer, mit Inhalt, also, ich hab da meine Zweifel, ob die Frau die Wahrheit sagt.»

«Doch», erwiderte Rasmus Lauridsen, «sie sagt die Wahrheit. Nur waren die Begleitumstände leider ganz anders als bei Gret Skrabbel. Finster waren sie, wie sich bald herausstellte, sehr finster.»

«Aber Rettung», antwortete darauf ein anderer Zuhörer, «besser gesagt, der Versuch zu retten, muss doch auch hier vorgelegen haben. Das ganze Arrangement mit dem verzurrten Kasten beweist, dass jemand das Baby am Leben erhalten wollte. Das Gegenstück, Stein um den Hals und ab in die Nordsee, wäre so viel einfacher gewesen. Na, und das Kind wurde dann ja auch gerettet.»

Diesem Beitrag, in breitem Hamburgisch vorgetragen, begegnete Rasmus Lauridsen mit den Worten: «Ich sehe schon, ich komme nicht darum herum, Ihnen eine zweite Geschichte zu erzählen, genauer: das Ende oder auch die traurige Auflösung der ersten. Aber ich mache es kurz.» Er wurde von dem Kellner, der die Getränke brachte, unterbrochen.

Als wieder Ruhe eingetreten war, fuhr er fort: «In der Tat gab es da», er sah den Hamburger Zuhörer an, «ein Arrangement, wie Sie es nennen. Schlauchboot, Kinderwagen, Seile und Tücher und Kissen sind ganz gezielt eingesetzt worden. Mit Hilfe all dieser Dinge bemühte sich ein Mensch um Lebenserhalt, aber vorausgegangen war, und zwar bei demselben Menschen, in den Abgründen derselben Seele, die Bereitschaft zu töten. Hier der Hintergrund in Stichworten: Ein reicher hanseatischer Fabrikant, ein Witwer, lag im Sterben. Der Sohn – im Gegensatz zum Vater missraten und raffgierig –

234

lauerte voller Ungeduld auf die umfängliche Hinterlassenschaft. Aber plötzlich gab es da einen Mitbewerber. Nennen wir ihn der Einfachheit halber schon jetzt Moses Brok. Der Fabrikant hatte nämlich, als er noch nicht darniederlag, eine Liebschaft mit seinem aus Guatemala stammenden Hausmädchen gehabt. Als nun diese junge Guatemaltekin – der Fabrikant war inzwischen gestorben – ein Kind zur Welt brachte, suchte sich der von blankem Entsetzen gepackte Sohn, um nicht teilen zu müssen, einen Komplizen und gab ihm den Auftrag, den unwillkommenen Bastard zu beseitigen, gegen Bezahlung, versteht sich. Dem Indiomädchen hatte er nach der Niederkunft – er hatte für eine Hausentbindung gesorgt und bezahlt – erzählt, das Kind sei tot zur Welt gekommen. Kurz darauf schickte er sie nach Guatemala zurück.

Der Komplize, ein heruntergekommener Bursche, holte sich, wie vereinbart, den Säugling. Doch bald setzte etwas ein, womit er nicht gerechnet hatte. Je länger er das Kind bei sich hatte, desto mehr geriet er ins Schwanken. Schließlich überwogen seine Skrupel. Aber was er sich als Ausweg einfallen ließ, war von der eigentlichen Abmachung nicht weit entfernt. Er kam nämlich auf die Idee, einen Teil seines Lohns für die Ihnen bereits genannten Gegenstände herzugeben und den Kleinen dann in der Nordsee auszusetzen. Dort sollte Gott die Entscheidung treffen. Er fuhr also nach Husum und mietete sich ein Motorboot, auf dem der Kasten und das Schlauchboot Platz fanden. Alles Weitere ist Ihnen bekannt. Dies sollte ich vielleicht noch anführen: Natürlich kam man dem Mann auf die Spur, sobald Karen den Behörden von dem Kind berichtet hatte. Ein paar Recherchen der Kripo, angefangen in Hörnum und endend in Husum, und schon wusste man, wer das Motorboot gemietet hatte.»

«Mein Gott!», fuhr ihm eine ältere Frau dazwischen, «was für ein ...»

Doch ehe sie weiterreden konnte, sagte Rasmus Lauridsen:

«Ja, der liebe Gott hat es gut gemacht. Er hat sich fürs Leben entschieden.»

«Und der Sohn?», fragte die Frau. «Ich meine, der Auftraggeber?»

«Der stritt die Tat ab, und außerdem focht er die Vaterschaft des Erblassers an. Aber ein genetisches Gutachten widerlegte ihn. Er hat jahrelang im Gefängnis gesessen.»

«Und der andere?», fragte sie dann noch, «der mit dem Boot?»

«War natürlich auch im Gefängnis. Der Richter nannte es eine ungeheuerliche Anmaßung, Gott derart herauszufordern.»

«Und Karen Brok und der Junge?», wollte nun die Frau aus dem Schwabenland wissen.

Rasmus Lauridsen nickte in ihre Richtung. «Zugegeben, es klingt ein bisschen nach Hollywood, aber warum sollte man mit dem glücklichen Ausgang hinter dem Berg halten? Am Nössedeich, dicht beim Katrevel – das ist ein Gewässer in den Wiesen, ein ehemaliger Priel – wohnen nun in einem Friesenhaus drei Menschen, Karen Brok, die Guatemaltekin María und Moses Brok. Wenn Sie mal dorthin kommen und Glück haben, können Sie den Kleinen – er ist jetzt acht Jahre alt – vor dem Haus mit den Schafen spielen sehen. Ach ja, auch das sollte wohl noch gesagt werden: Ihm gehört mittlerweile ein beachtliches Vermögen.»

Die Zuhörer begannen, eifrig miteinander zu reden. Einige waren aufgestanden. Doch in die Unruhe hinein meldete Rasmus Lauridsen sich noch einmal zu Wort.

«Es tut mir Leid», erklärte er, «aber ich kann Sie nicht gehen lassen, ohne Ihnen zu sagen, wie Karen Brok selbst über das, was geschehen ist, denkt, und das schon seit langem.» Er machte eine Pause, wartete, bis alle sich wieder gesetzt hatten, und fuhr dann fort: «Wie Sie vielleicht wissen, gibt es unter den Syltern – bei allem Realismus, den man uns nachsagt – auch ein paar Spökenkieker. Sie ...»

«Was ist denn das?», fragte eine Frau.

«Sie haben übersinnliche Kräfte, sehen und erleben Dinge, die anderen verborgen bleiben. Man spricht da auch vom zweiten Gesicht. Ich kann Ihnen ein Beispiel liefern. Als junger Matrose war ich mal in San Francisco. Unser Schiff hatte am Abend festgemacht, und natürlich wollten wir alle an Land. Auch ich hatte mir einen Teil meiner Heuer geben lassen, mich auch schon umgezogen, aber urplötzlich war die Lust auf den Landgang weg. Ich blieb an Bord und ging früh schlafen.

In dieser Nacht hatte ich einen Traum. Ich hörte meinen alten Goge, das ist bei uns der Großvater, flüstern: ‹Faarwel Meinert, faarwel Rasmus, faarwel Peter.› Er verabschiedete sich also von meinen Brüdern und mir. Danach wachte ich auf. Ich schrieb das Datum und die Uhrzeit, es war ein Uhr nachts, in mein Tagebuch. Wochen später, da waren wir schon in Kapstadt angekommen, erfuhr ich durch einen Brief meiner Mutter, dass Goge an demselben Tag, an dem ich meinen Traum gehabt hatte, gestorben war, allerdings vormittags um zehn. Aber wenn Sie sich auf unserem Globus auskennen, dann wissen Sie, dass der Zeitunterschied zwischen San Francisco und Sylt neun Stunden beträgt.

Ich glaube, jetzt ist Ihnen so ungefähr klar, was ein Spökenkieker ist. Und noch etwas anderes ist an meinem Erlebnis bedeutsam, nämlich die Tatsache, dass es, wenn es nach mir gegangen wäre, zu meinem Traum gar nicht hätte kommen können. Ich wollte ja, wie die anderen, in jener Nacht meinen Landgang haben, und mit einem Glas in der Hand oder vielleicht sogar einem Mädchen im Arm hätte ich wohl kaum von Goge geträumt. Also wirkte da schon im Voraus eine geheime Kraft. Sie sorgte dafür, dass mir plötzlich der Sinn danach stand, an Bord zu bleiben.

Aber zurück zu Karen Brok! Sie hat es auch ein bisschen mit der Spökenkiekerei, und darum ist sie nicht von ihrer Meinung abzubringen, Gott habe sie damals auf die Lahnung geschickt, damit sich das Schicksal der Gret Skrabbel nach fast vierhundert Jahren wiederhole.»

«Und dazu setzt er an den Anfang ein Verbrechen?», fragte erregt, wenn nicht gar empört, eine Frau, die, obwohl sie sich in einem geschlossenen Raum befand, einen Hut trug.

«Auch das», sagte Rasmus Lauridsen, «weiß sie zu erklären. So ganz ohne Schaden und Trauer, meint sie, hat Gott es damals vor Rantum mit Gret jà auch nicht geschehen lassen. Immerhin ging ein Schiff unter, und dabei starben Menschen. Dass diesmal die Beteiligten, jedenfalls die Hauptakteure, schuldig wurden, begründet sie damit, dass Gott sich der Zeit angepasst habe. Viele der heute Lebenden, sagt sie, sind kalt, egoistisch, skrupellos, immer nur auf den eigenen Vorteil bedacht, eben wie jener missratene Sohn. Und Gott, der laut Karen Brok das Schicksal der Gret also partout wiederholen wollte, wählte diesmal eine Variante, die zu den Menschen von heute passt. Aber – und da sieht sie trotz alledem auch Grund zur Hoffnung – er hat es nicht auf die Spitze getrieben, ist dem bösen Geschäft rechtzeitig in die Quere gekommen und hat einen dieser Hartgesottenen von heute zur Besinnung gebracht, damit noch einmal so etwas geschehen konnte wie damals vor Rantum.»

«Aber», meinte ein junger Soldat der Bundesmarine, dessen Uniform fast wie ein weiteres nautisches Schaustück wirkte, «ich weiß immer noch nicht so recht, was an Karen Broks Rolle übersinnlich sein soll.»

«Ja, darüber kann man unterschiedlicher Meinung sein», erwiderte Rasmus Lauridsen. «Für mich steht im Vordergrund, wie sie selbst ihre Rolle sieht, und da hat sie durchaus Überzeugendes zu bieten. Sie versteht sich als eine Sendbotin, als die Person, die im entscheidenden Augenblick in das Geschehen eingeschleust wurde, damit die durch die Strömungsverhältnisse und das Verhaken der Leine angebahnte Rettung schließlich auch vollzogen werden konnte. Ohne sie hätte der Junge die Nacht bestimmt nicht überstanden. Es war einsam da draußen. Die Dunkelheit nahte. Und die Kälte hatte ihm schon hart zugesetzt. Und da war ja noch etwas: Die Möwen hätten ihn, wären sie nicht von Karen verscheucht worden, wohl kaum in Ruhe gelassen. Also noch einmal: Wäre sie damals nicht auf die Lahnung geschickt worden, hätte es das östliche Pendant zum Weststrand nicht gegeben, das heißt, im Ansatz schon, aber es wäre anders ausgegangen.»

Das Abendessen, der Umtrunk und das lange Erzählen hatten es spät werden lassen in der «Kaptains' Stuuv». Es war kurz vor Mitternacht, als die Schar der Zuhörer sich auflöste.

Auch Rasmus Lauridsen verließ das «Landhaus Nösse». Wie stets wollte er den weiten Weg bis zum «Uasterjen», dem Morsumer Osterende, wo er wohnte, zu Fuß zurücklegen.

Rechter Hand ratterte in einigen hundert Metern Entfernung der Lumpensammler vorbei, der letzte die Insel erreichende Zug.

Karens Geschichte ließ ihn noch immer nicht los. Vor allem ihre feste Überzeugung, Sendbotin gewesen zu sein, beschäftigte ihn. Er teilte ihre Meinung. Ohne Wenn und Aber. Hatte er doch, bei Goges Abschied, selbst erlebt, wie ein plötzlicher Impuls das Programm durcheinander bringt, damit etwas ganz Bestimmtes sich ereignen kann.

Er erinnerte sich an einen Roman, den er vor vielen Jahren gelesen hatte. Den Inhalt kannte er nicht mehr, aber der Buchtitel hatte sich, weil er etwas Schicksalhaftes ausdrückte, in seinem Kopf festgesetzt: «The Postman Always Rings Twice». Das wird es sein, dachte er. Auch der Große Postmann, für den vierhundert Jahre natürlich nur Sekunden sind, wird zweimal geklingelt haben. Ja, so ist sie passiert, die Sache mit Moses Brok.

Richard Hey

Die pompejanische Villa
unter Westerland

Vorläufiger Bericht (hier wiedergegeben unter
Auslassung der rein wissenschaftlichen Daten)
von Dr. J. B. Nkomo,
Union der zentralafrikanischen Staaten

(...) Als dann der Meeresspiegel von Atlantik und Nordsee
im Verlauf von knapp hundert Jahren um elf Meter gestiegen
war, zerbrach die Insel während der letzten verheerenden
Sturmfluten in drei Teile und ging unter, bevor die mit großer Geschwindigkeit sich ausdehnende Schelfeisplatte sie erreichte, die schon wenige Jahrzehnte später alle überschwemmten Küsten Nordeuropas und weite Teile des Kon-
tinents bedeckte. (...)
   Wir wissen heute, dass diese neue Eiszeit nicht verursacht
wurde durch eine Verschiebung der Erdachse oder das Versie-
gen des Golfstroms, sondern durch die vorangegangene Kli-
maerwärmung, welche nahezu den gesamten Planeten in für
Sonnenlicht undurchdringliche Dunst- und Regenwolken ge-

hüllt und weite Gebiete Mittel- und Westeuropas in eine spärlich besiedelte Tundra verwandelt hatte, vergleichbar der Situation in der Würm-Eiszeit. Teile Nord- sowie Südamerikas, Asiens, Zentralafrikas blieben von einer ständigen Wolkenbedeckung allerdings verschont. (…) So auch Sylt. Die Gründe hierfür sind wissenschaftlich noch nicht geklärt. Fest steht, da vielfach dokumentiert, dass der Untergang der Insel bei strahlendem Sonnenschein erfolgte. Weshalb sich aber später ausgerechnet über den Fragmenten der ehemaligen Insel eine besonders kompakte Eisschicht von etwa fünfzig Meter Dicke bildete, blieb bisher ebenfalls rätselhaft. Auch eine jüngst erfolgte Eisdurchbohrung brachte keine gesicherten Werte, wohl aber unerwartete anthropologische Erkenntnisse. Sie seien hier kurz referiert, bevor die glazial-geologischen Probleme behandelt werden.

(…) Als nach Durchdringung des Eisschildes über den Trümmern von Westerland, nach Entnahme von Eisproben, Erledigung der vorgesehenen Messungen (…) und Herstellung optischer Dokumentationen der Bohrkopf samt Instrumenten und Kamera anfing, in Schutt und Geröll zu rotieren, war nichts mehr zu erwarten, was dem ungeheuren Druck (…) des Eispanzers standzuhalten vermocht hätte. Dennoch stieß der Bohrkopf schon wenige Sekunden später, etwa in Kellerhöhe der früheren Häuser der Stadt, auf eine massive Platte aus Nexotrit sowie auf Nexotritwände und einen Nexotritboden. Die 3-D-Aufnahmen zeigten in dieser geräumigen, völlig trockenen «Nexotritschachtel» einen kombinierten Wohn- und Schlafraum mit bemalten und beschrifteten Wänden, dazu Bad, Küche, Sauerstoffanlage, morsche Holz- und Polstermöbelreste. Und in der Mitte des Wohnraums die leicht gekrümmt liegende, mumifizierte Leiche eines nackten Menschen.

Aus drei Gründen ist dieser Fund bemerkenswert.

Erstens: Als die Schelfeisplatte sich immer schneller und bedrohlicher den Sylter Inselfragmenten näherte, wurden die letzten Bewohner evakuiert. Nach amtlichen Unterlagen sind diese Personen ausnahmslos, mitsamt ihrer persönlichen beweglichen Habe, auf nur geringfügig überschwemmten kanarischen Inseln angesiedelt worden. Offenbar hat sich jedoch der Mensch in der Nexotritschachtel der Evakuierung entziehen können, indem er ebendiese Schachtel unter den Trümmern einiger Westerländer Hochhäuser einrichtete. Wie ihm das unbemerkt oder zumindest unbehelligt gelingen konnte, bliebe noch zu klären.

Zweitens: Nexotrit, vor knapp tausend Jahren entwickelt, galt als härtestes und widerstandsfähigstes Baumaterial aller Epochen, Stahl und Eisenbeton in jeder Hinsicht überlegen. Es wurde jedoch nach nur kurzer Gebrauchszeit nicht mehr verwendet, da einige seiner chemischen Bestandteile (...) sich in Reaktion auf Sauerstoff als lebensbedrohlich giftig für den menschlichen Organismus erwiesen. Es scheint, als seien Tod und Mumifizierung der Person in der Nexotritschachtel auf diese toxischen Reaktionen zurückzuführen. Inwieweit sie auch für die verstärkte Eisbildung oberhalb des früheren Westerland verantwortlich sind, wird noch zu untersuchen sein.

Drittens: Einiges spricht dafür, dass die Person in der Nexotritschachtel nicht nur Einsamkeit gesucht, sondern auch

243

den Tod erwartet hat. Nach der Hologramm-Auswertung der 3-D-Aufnahmen handelt es sich ohne jeden Zweifel um einen Hermaphroditen. Weibliche und männliche Genitalien sind funktionstauglich ausgebildet, ebenso die Brüste, die noch in der Mumifizierung ihre ehemals ansehnliche Form verraten und den Berichterstatter veranlassen könnten, eher von einer Hermaphroditin zu sprechen, wäre da nicht der zarte Flaum um Oberlippe und Kinn. Möge es der Einfachheit halber also bei der aus der Antike übernommenen, wenn auch unzulänglichen maskulinen Bezeichnung bleiben.

Spurenuntersuchungen belegen, dass der Sylter Homo Hermaphroditos gegen Ende des sogenannten Zeitalters der Innovation geboren oder wohl treffender gesagt: hergestellt wurde. Diese Zeit war gekennzeichnet durch härteste, unlösbar scheinende Kontraste in Denken, Empfinden und Handeln der damaligen Menschen. Unvorstellbare Grausamkeiten übertrafen die Grausamkeiten früherer Jahrhunderte, aber es entstand auch, dies nur als Beispiel, eine bis dahin unbekannte Art von wunderbar sphärischer Musik. Man besiedelte den Mars, flog zu Jupiter und Saturn, Digitalphantasien und Genmutationsphantasien eröffneten neue Lebensdimensionen. Und während per «Internet» (so nannte man das damals noch) auf dem gesamten Planeten Stimmen gespensterhaft kommunizierten, Stimmen, die, wie es schien, ihre Körper tatsächlich loswerden wollten, wurden Versuche unternommen, dem Menschen einen neuen Körper zu ermöglichen.

Da namhafte Forscher festgestellt hatten, dass als wichtigste Ursache für die fortwährende Selbstzerstörung des

Menschen seine Zweigeschlechtlichkeit anzusehen ist, machte man sich daran, beide Geschlechter in einer Person unterzubringen, gewissermaßen also einen in einer Doppelgeschlechtlichkeit eingeschlechtlichen Menschen zu erschaffen, den es in früheren Jahrtausenden nur als zufällige und mythologisch verklärte Ausnahme gegeben hatte. Schon waren erste Ergebnisse erzielt, als Überschwemmung und Eis alle diesbezüglichen Innovationen beendeten. Man hatte jetzt andere Sorgen.

Der Sylter Hermaphrodit hatte sie auf seine Weise, wie die Bilder und Inschriften an den Wänden seiner Schachtel erkennen lassen. Es handelt sich um zwei meisterhaft vergrößerte, farblich faszinierend restaurierte und auf ganze Wandflächen übertragene Gemälde aus der römischen Kaiserzeit sowie um eine ebenso behandelte brillante Schwarzweißfotografie aus dem Beginn des 21. Jahrhunderts. Die drei Abbildungen wirken, der Berichterstatter findet kein anderes Wort, betörend erotisch. Sie zeigen Sex und Zärtlichkeit zwischen Mann und Frau. Da die Originale der Gemälde beschädigt waren und auch die Reproduktionen diese Beschädigungen vermitteln, wird die Verbindung von Lust und Vergänglichkeit schon atmosphärisch deutlich. Doch mehr noch ist sie abzulesen an den Gebärden und wissenden Blicken der dargestellten nackten Paare. Wie innig sich da auf dem einen Gemälde Liebende umschlingen, mit ihren Stirnen sich sanft berühren, während die Frau auf dem hingestreckten Mann hockt, sein Glied in der Hand, bereit, es sich einzuführen – der Ausdruck der Augen ist gewiss Begierde, aber zugleich Melancholie. Oder das andere Paar: Beide auf Polstern, halb hockend, halb kniend, der kräftige dunkelhäutige Mann mit stämmig aufgerichtetem Phallus schräg hinter der Frau, der eher Zierlichen, wenn auch mit üppigem Hintern ausgestatteten. Wie er sie sanft fordernd von hinten umarmt und sie, in seine Augen zurückblickend, sich mit einer Hand auf seinem Oberschenkel abstützt, noch unschlüssig, das zeigt die Hand, ob sie sich dem Mann zuwenden oder ihn a tergo empfangen möchte. Wie die beiden sich ansehen, erwartungsvoll, skeptisch, neugierig, doch eben auch voller Trauer, als ahnten sie ein baldiges Ende und wollten sich trotzdem oder gerade deswegen umso intensiver Lust verschaffen.

Die beiden Originalgemälde wurden in einer Villa der unter Feuerasche begrabenen Stadt Pompeji gefunden, vor 3000 Jahren. Die Villa erhielt später den Namen Casa degli Epigrammi.

Vielleicht hat sich der Hermaphrodit dadurch angeregt gefühlt, nun seinerseits Epigramme zu hinterlassen. Unter dem ersten Gemälde sind schwarz hingepinselte Fragmente einer berühmten Ode des römischen Dichters Horaz auszumachen, der kurz vor der Katastrophe von Pompeji lebte: Die Freundin Leuconoë möge nicht fragen, welches Ende ihm, welches ihr die Götter bestimmt haben. Vermessen wär's, das wissen zu wollen. Nein, den Tag soll sie sich greifen, das Jetzt, das Heute genießen.

Unter dem zweiten Gemälde finden sich kaum lesbare griechische Buchstaben. Möglicherweise gehören sie zu einem Liebesgedicht der Sappho, welche vor 3500 Jahren auf der Insel Lesbos gelebt hat.

Die Fotografie schließlich zeigt einen breiten weißen

246

Sandstrand der früheren Insel Sylt. Dünen, Meer, eine effektvoll untergehende Sonne. Davor drei nackte Menschen. Eine von durchsichtigen Schleiern umwehte junge Frau zieht lachend einen bärtigen Mann an seinem aufgerichteten Glied zu sich heran, während ein zweiter Mann, gebräunt, glatzköpfig, ebenfalls mit aufgerichtetem Glied, ihren schön gerundeten Hintern streichelt. Auffällig, bei aller Heiterkeit des Bildes, ist eine schwer erklärbare, wohl durch die Schwarzweißmagie bewirkte Abschiedsstimmung. In eine der Dünen am Bildrand sind ein paar krakelige Wörter hineingekratzt: O Liebe o Sonne o Tod

(...)

Die Autorinnen und Autoren

Brigitte Blobel, Autorin von erfolgreichen Jugendbüchern, Drehbüchern und Romanen, darunter «Das kalte Land», «Die Kerze brennt nur bis zum Morgenrot», «Mörderherz». *Die eine Hälfte des Jahres lebe ich am Mittelmeer, die andere an der dänischen Grenze. Von dort aus besuche ich, nicht nur zu besonderen Gelegenheiten, Freunde auf der Insel. Schon die Sommer meiner Kindheit habe ich mit meinen Eltern auf Sylt verbracht.*

Utta Danella hat viele Bestseller geschrieben, unter anderen «Stella Termogen», «Der blaue Vogel», «Der dunkle Strom», «Flutwelle», «Die Unbesiegte». Sie lebt in München und verbringt viele Wochen des Jahres auf Sylt. *Ich liebe den weiten Blick übers Land Richtung Osten und den Blick übers weite Meer nach Westen.*

Richard Hey, geboren in Bonn. Autor und Regisseur von Hörstücken, Fernsehfilmen, Schauspielen. Verfasser von (Kriminal-)Romanen. Übersetzer der Komödien von Eduardo de Filippo aus dem Italienischen. Lebt in Berlin. *Seit Ende der fünfziger Jahre bin ich immer wieder Gast auf Sylt.*

Petra Kipphoff ist Feuilletonredakteurin bei der Wochenzeitung DIE ZEIT. Sie studierte Germanistik, Anglistik und Kunstgeschichte und wurde an der Universität München promoviert.

Seit Kindertagen habe ich viele Sonnentage, vom Regen nicht zu reden, auf der Insel Sylt verbracht.

Norbert Klugmann, Autor von Romanen, darunter «Neuschwanstein», «Die Mühlen des Teufels», «Der unglücklichste Mann der Welt», «Die Tausendste Flut».

Ende der siebziger Jahre lotste mich die erste Frau, bei der ich mir einen Heiratsantrag vorstellen konnte, auf die Insel. Lange Spaziergänge, kurzer Verstand, Frau futsch. Seitdem fahre ich nur noch mit Ehefrauen über den Damm, das ist sicherer.

Charlotte Link wurde in Frankfurt / M. geboren. Einen frühen literarischen Erfolg hatte sie mit dem Roman «Die schöne Helena», den sie im Alter von neunzehn Jahren veröffentlichte. Mit der «Sturm-Zeit-Trilogie», die auch für das ZDF verfilmt wurde, gelang ihr erstmals der Sprung auf die Bestsellerlisten. Ihr bislang erfolgreichstes Werk ist der Roman «Das Haus der Schwestern». Charlotte Link lebt in der Nähe Frankfurts.

Ich bin als Kind zum ersten Mal nach Sylt gekommen, und seither hat die Insel mich nicht mehr losgelassen. Nach jedem abgeschlossenen Buch lässt mich ein Urlaub auf Sylt Abstand und Erholung finden.

Hinrich Matthiesen wurde in Westerland auf Sylt geboren. Er ist Autor von erfolgreichen Romanen wie «Der Skorpion», «Atlantik-Transfer», «Der Kapitän».
Ich bin ein Nachkomme der Sylter Ahnfrau Gret Skrabbel, lebe also — genealogisch vereinfacht gesehen — seit 380 Jahren auf der Insel, und noch immer ist sie mir lieb und teuer.

Petra Würth, Autorin der Kriminalromane «Unter Strom» und «Frau aus Glas», lebt mit ihrem Mann und einem Sohn in Hamburg.
Schon als ich Sylt das erste Mal besuchte, habe ich mich unsterblich in die Insel verliebt und träume seither von einem — leider unbezahlbaren — Reetdachhaus inmitten eines Bauerngartens im beschaulichen Keitum.

Ingrid Grimm, geboren in Berlin, lebt und arbeitet als Lektorin in München und in ihrem Haus in Kampen auf Sylt. Sie hat diesen Band zusammengestellt und herausgegeben.

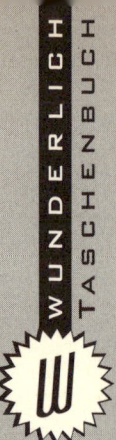

 WUNDERLICH TASCHENBUCH

Das nächste, bitte!

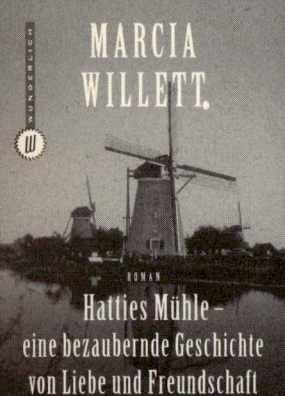

MARCIA WILLETT.

ROMAN

Hatties Mühle –
eine bezaubernde Geschichte
von Liebe und Freundschaft

26154-5

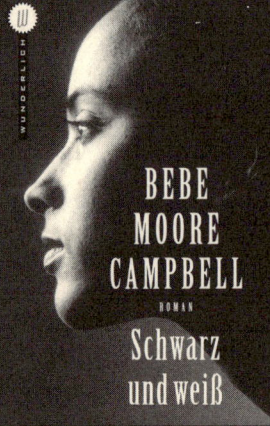

BEBE MOORE CAMPBELL

ROMAN

Schwarz
und weiß

26174-X

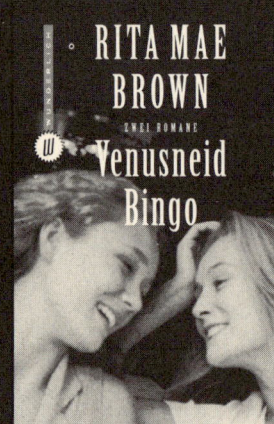

RITA MAE BROWN

ZWEI ROMANE

Venusneid
Bingo

26180-4

 Bestseller zu attraktiven Preisen.

Jeden Monat neu als Wunderlich Taschenbuch.

Wir wünschen gute Unterhaltung!

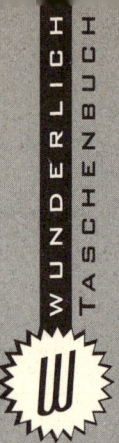

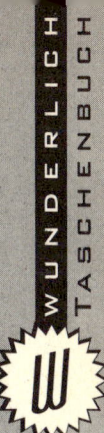